PRINCIPIOS PARA LA COLOCACIÓN DE CAPITAL EN VALORES EMPRESARIALES

Y APUNTES

GUILLERMO ESTEFANI M

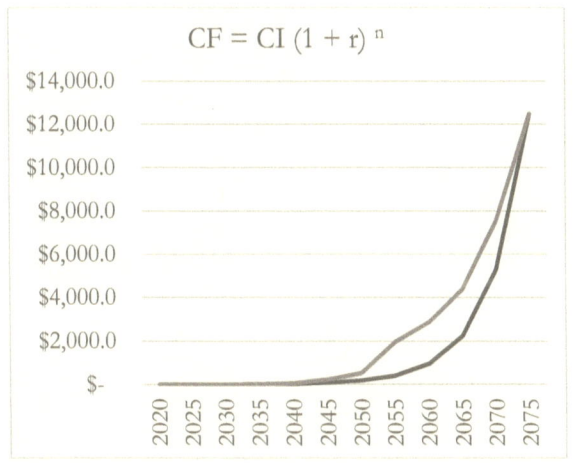

$$CF = CI (1 + r)^n$$

Índice

Prólogo

Cuando mencionamos la palabra "finanzas" se nos vienen a la mente ecuaciones y fórmulas complejas para obtener resultados que requieren de cierta especialización para ser interpretados. Asimismo, al hablar de colocación de capitales, pensamos en la compraventa de instrumentos bursátiles con la finalidad de obtener una ganancia. La mayoría de la gente se podría imaginar Wall Street, sus vendedores y *brókers* siguiendo vistosas gráficas, leyendo noticias y tratando de adquirir un valor en el "momento adecuado", esperando que su precio se incremente para venderlo una vez que se perciba como sobrevalorado.

Sin embargo, la colocación de capital es mucho más que lo señalado en el párrafo anterior. Para que se lleve a cabo de forma adecuada, requiere una predisposición del inversor hacia la búsqueda del bien y del orden de la sociedad con la finalidad de encontrar un futuro mejor.

De igual forma, presupone un análisis profundo y concienzudo sobre las características de los negocios a los cuales se les inyectará capital, para determinar si el algoritmo subyacente en los mismos cuenta con la creatividad suficiente para hacerlo crecer sorteando la entropía y los problemas que se pudieran presentar dentro de un marco macroeconómico determinado.

En este pequeño pero sustancioso libro, Estefani retoma a los principales teóricos de la inversión para sintetizar sus aportaciones en principios, clarificándolos de manera breve pero también profunda.

La lectura explica conceptos que pudieran parecer densos en un principio pero que, al irse entrelazando, toman un importante sentido que culmina con criterios que sería deseable tuviera cualquier inversor antes de colocar su capital. Apegarse a tales principios abonaría en la subsistencia y crecimiento de los negocios que generan valor social, y en la desaparición de aquellos que pudieran incluso ser nocivos a nuestro entorno.

Desde mi particular punto de vista, la importante aportación en conjunto de estos principios es invertir en negocios que generen un mundo mejor; es decir, apostar por aquellos instrumentos que representen negocios y empresas que muestren indicios de tener capacidad para buscar el bien de la sociedad por medio de soluciones creativas y sustentables.

Estefani propone buscar relaciones de calidad, confianza y responsabilidad. Aunque no lo menciona, hace entre líneas las siguientes preguntas: ¿A quién le darías tu dinero para que lo hiciera crecer? ¿Confiarías el futuro de tus hijos a cualquier persona? Sea cual fuere la respuesta, cuando colocamos capital estamos entregando la responsabilidad del futuro de la sociedad. Hagámoslo, pero de manera correcta.

No me extenderé más, quisiera se adentren a la lectura de este interesante documento. De Estefani diré que es un apasionado de las finanzas y del conocimiento; pero, principalmente, es una gran persona en la que vale la pena confiar. Disfruten pues de su obra.

Dr. Hugo Briseño Ramírez

30 de enero de 2020

Introducción

La mejor manera de comenzar algo es desde el principio. Decía Benjamin Graham que "el uso de principios sólidos produce resultados sólidos".

Primero, te agradezco por dedicar de tu valioso tiempo para conocer esta obra.

Como su nombre lo indica, aquí se concentran algunos principios esenciales a considerar si se desea convertir dinero efectivo en capital, y colocarlo en aventuras empresariales que construirán un futuro más valioso.

Quizás, al inicio, el trabajo te resulte teórico y filosóficamente denso, pues la primera parte es conceptual. Te animo a avanzar a pesar de la aparente complejidad o de que veas una desconexión con el tema central.

Notarás que conforme recorres las paginas, los conceptos formarán una especie de edificio, y al final te resultará todo muy práctico y fluido.

Dependiendo de su temperamento, cada persona disfrutará distintas partes del acomodo propuesto.

Aunque dedico un espacio a la revisión de conceptos famosos para la comprensión del mercado bursátil, estos principios también pueden ser aplicados en la colocación de capital en empresas que no cotizan en la bolsa de valores.

Este no es un texto de motivación ni de finanzas personales. Están fuera de este trabajo el análisis y la operación con acciones preferentes, deuda corporativa, bonos de gobierno y ofertas públicas iniciales, así como la incursión en oportunidades especiales como operaciones de arbitrajes, bancarrotas, fusiones, desincorporaciones y adquisiciones.

Aunque muchos de estos principios son útiles para varios campos de la inversión y los negocios, el texto no se enfoca en valores económicos en bienes duraderos como metales preciosos o inmuebles. Tampoco hablaremos de atajos, ni de fórmulas para operar valores complejos como contratos de futuros, divisas o dinero electrónico encriptado en cadenas de bloques. Cada uno de estos dominios requiere una comprensión particular y un compendio de principios propios y determinados.

No por ser una obra pequeña en extensión o sencilla en lenguaje, significa que carece de sustancia o que los temas pierdan importancia, por el contrario. La táctica que se usa para tratar estos conceptos es destilarlos para que obtengas mayor densidad que volumen, de manera que aprendas en un tiempo relativamente corto y de manera amena, para que al final tengas un panorama amplio y claro de lo que significa esta disciplina.

Como se preparó concentrando antes que diluyendo, quizás esto te ayude a descubrir conceptos por tu propia cuenta, gracias a tus experiencias personales o si vuelves a dedicarle tiempo de lectura. De antemano, acepto la culpa por la escasez de ejemplos didácticos o demostraciones, los he minimizado intencionalmente a favor de la consistencia.

Sé que es complicado reunir recursos para un fin, agreguemos a esto que la tarea de colocar capital es exhaustiva y podría resultar dolorosa si no se lleva a cabo con cuidado.

Muchas personas aprenden, través de la prueba y error, de manera exitosa, al más puro estilo voluntarioso de Thomas Alva Edison; pero, como en general hay muy poca cultura de la inversión en Latinoamérica, fuera de los círculos más privilegiados, comenzar sin una idea clara resulta confuso para muchos y con recursos limitados lamentablemente se puede terminar con fuertes pérdidas. Como decía Nikola Tesla: "Con un poco de teoría y cálculo se puede ahorrar hasta un noventa por ciento del trabajo".

Por experiencia sé que hay poco material confiable o didáctico, y que a la vez existe una abrumadora cantidad de opiniones que surgen todos los días acerca de cuál es la forma correcta de hacer esto, como las que provienen de vendedores de productos financieros, banqueros, empresarios, empleados, periodistas, servidores públicos, consultores y expertos en finanzas. La gran mayoría de estas personas son muy inteligentes, pero hay que reconocer que no todas compartirán las mismas intenciones, los mismos perfiles de riesgo, ni los mismos objetivos que nosotros.

He dedicado un tercio de mi vida a recopilar, comprender y aplicar estos principios enseñados por grandes maestros que no tengo el privilegio de conocer en persona por cuestiones de tiempo, distancia y oportunidad. También reconozco que mi carrera como inversor aún está por escribirse en las siguientes décadas, si me lo permite la vida. Pero esto no me impide examinar los principios, como cuando un físico estudia el Universo para colaborar en una misión de exploración en el espacio interestelar.

Así, te pido considerar este trabajo como una opinión seria de un admirador de las obras de quienes considero son los maestros más generosos de esta disciplina, ya que muchas de las ideas plasmadas aquí se pueden revisar ampliamente en las referencias bibliográficas que muestro al final.

Con el paso del tiempo espero perfeccionar el uso de estos principios y revisarlos para madurarlos. Es una colaboración muy pequeña, pero mi deseo sincero es que aporte algo bueno en tu vida, de manera que avancemos un poco más como civilización y tengamos un futuro brillante como humanidad.

Por último, si me preguntaras en un elevador en qué consiste la actividad de colocación de capital exitosa, te diría que se parece mucho a cuando construimos relaciones duraderas de amistad. En lo personal, siempre preferiré dedicar recursos, tiempo, intelecto y energía en tratar de entender la locura sincera y genuina de quien diariamente se esfuerza en crear valor, que experimentar la falsedad ordinaria de aquellos que prefieran la indeterminación y la falta de claridad.

Guillermo Estefani Monárrez

Enero de 2020

1 Principios de propósito

Razones y motivos para la colocación de capital

1.1 Principio del valor

El principio de la creación de valor es la conciencia.

Con la conciencia percibimos nuestra existencia y reconocemos el exterior como una realidad. La conciencia nos permite ser quienes somos, establecer una conversación íntima con nosotros mismos, captar información, poner atención, estar alerta, razonar, juzgar, tomar decisiones, interactuar con otros, actuar y responsabilizarnos de nuestros actos.

Por medio de la conciencia podemos reconocer que todo en este Cosmos tiene un propósito. Esto se puede reconocer en el lenguaje, en la vida misma, en la complejidad de la conciencia humana, en la forma y organización de las cosas que podemos percibir, y también en aquellas que se descubren conforme avanza la ciencia.

El uso del término "sistema" es relativamente reciente durante el siglo XIX, cuando el hombre comenzó a desarrollar máquinas industriales gracias a los descubrimientos de la termodinámica.

Cuando la conciencia humana piensa en función de un sistema, simplemente trata de identificar los elementos que lo componen, y de descubrir o interpretar las correlaciones por medio de las que interactúan dichos elementos formando una composición.

Con la finalidad de describir los sistemas, los seres humanos establecemos definiciones, propósitos, conceptos, lógicas de organización y límites para determinar qué elementos sí son parte de un sistema dentro de un modelo y cuáles pertenecen al ambiente que le rodea y con el cuál normalmente interactúa como parte de lo que pudiera parecer un sistema que pertenece a un dominio más amplio.

La conciencia nos permite comprender desde lo más simple hasta los sistemas más complejos, usamos la observación, cuantificamos las cosas existentes o recordamos los eventos pasados. Así podemos comprender mediante la razón los principios que rigen las abstracciones matemáticas para elaborar modelos acerca del futuro. También, con la conciencia logramos la capacidad de tener compasión y sentir empatía u odio por nuestros semejantes.

La conciencia cambia constantemente por las cosas que aprendemos y por la experiencia de interactuar con los demás. Con la conciencia podemos establecer prioridades y sistemas de valores o principios que nos sirven de guía para actuar durante el avance de nuestra vida, para alcanzar objetivos, ideales o recompensas.

La conciencia nos permite establecernos metas y propósitos. Los humanos, en general, queremos vivir y que nuestra vida sea fructífera. Muchos preferiremos una vida de aprendizaje, pero con la menor cantidad de inconvenientes o tropiezos, y que cuando estos se den, podamos disfrutarlos y atravesarlos con el mayor grado de satisfacción emocional, espiritual y física.

Esto es querer vivir en "lo bueno". Ya Marco Aurelio Antonino (121-180 d. C.) señalaba que "Todo está dentro de nosotros en nuestra manera de pensar" esto es, a pesar de que existe "lo bueno" en la vida de manera objetiva, una gran parte de la experiencia depende de cómo apreciamos la vida que llevamos.

"Lo bueno" de forma subjetiva se podría describir como una situación presente en la que hay dignidad y armonía interna. Dominan la satisfacción, la alegría y la gratitud. Se disfruta vivir intensamente y seguir viviendo. Se percibe la realidad en términos de extensión y multiplicación permanente, no efímera, y se espera que el futuro sea "mejor" a pesar de las adversidades presentes.

Aunque parezca un ideal, anhelamos que "lo bueno" sea verdad. Deseamos esta certeza palpable en nuestras vidas cotidianas. Queremos que "lo bueno" sea consistente en la realidad y no solo un pensamiento o una afirmación ajena.

El deseo de "lo bueno" se contrapone con la tendencia natural del universo material al caos y la degradación, esto es, lo aleatorio y desordenado.

Actuar de forma inteligente en sentido de "lo bueno", contrarrestando el desorden, es la esencia del "valor". El resultado de actuar con valor es la confianza y la destrucción de la incertidumbre de lo falso.

Con la conciencia razonamos, cuestionamos el estado de las cosas, buscamos recursos para cubrir nuestras necesidades, expresamos arte, nos comunicamos, creamos tecnología, disfrutamos nuestra sexualidad, creamos estructuras sociales, desarrollamos la cultura, veneramos lo divino y enfocamos nuestras energías hacia fines superiores que los propios. Es decir, con la conciencia constantemente modificamos a nuestro entorno.

Aunque nuestros cuerpos son vulnerables ante el estado salvaje de la naturaleza, estamos equipados con una conciencia que nos permite colaborar en comunidades complejas y domesticarla.

Este proceso incluye esfuerzos para comprender cómo funciona la naturaleza, qué recursos estarán disponibles para nosotros y cómo aprovecharlos para crear tecnología que nos permita mejorar nuestra condición material de vida. Así, nos hemos adaptado a casi cualquier entorno de la Tierra de forma deliberada, en el sentido objetivo de lo que consideremos como "lo bueno".

Hay factores subjetivos que influyen en la forma como determinamos que algo es "lo bueno". Por ejemplo, el lenguaje que usamos, nuestras creencias espirituales, nuestra posición social o familiar, la imagen que tenemos de nosotros mismos, nuestra profesión, la naturaleza de nuestros gustos o intereses de ocio, o la estima que tenemos respecto a las riquezas materiales.

También hay factores en el ambiente que afectan nuestra percepción de "lo bueno", por ejemplo, el clima y el estado del tiempo, la situación de la economía general (si la sociedad en la que vivimos está atravesando por un período de depresión y escasez, o por el contrario, está en bonanza con muchos recursos disponibles), si se vive en momentos de paz o de guerra, o si tenemos servicios de salud, educación y transporte que estén disponibles y accesibles.

Existen los factores íntimos que impactan la percepción de "lo bueno", como nuestra personalidad, el estado de nuestra salud, si tenemos amigos, si ayudamos a los demás mediante actos de generosidad, si practicamos de manera reiterada ciertos vicios y virtudes como el ejercicio o el uso de sustancias; también dependerá de las definiciones propias de actitudes como la modestia, la humildad o la soberbia.

Esto nos permite reconocer que la vida humana siempre ha sido y será muy diversa, y que al mismo tiempo convivimos en diferentes dominios o campos: desde lo político, lo deportivo, lo artístico, lo académico, lo familiar, lo profesional o los negocios. Así, podemos concluir que existen valores que rigen a cada uno de estos dominios y que, de alguna manera, aunque no siempre, estarán interconectados o contrapuestos entre sí.

Esta reflexión también nos permite distinguir dos grandes aspectos a considerar al juzgar el valor de algo. Trataremos de distinguir un aspecto objetivo o "valor intrínseco", de un aspecto subjetivo o "valor extrínseco", pero dada la naturaleza de los juicios, será difícil distinguir uno del otro con límites claros.

El valor objetivo se refiere al valor por sí mismo que tienen los actos o los objetos que examinamos. Aquí se encuentran, por ejemplo, las características del trabajo específico que realiza, considerando la fuerza que se aplica o la magnitud del cambio que ocurre, pero también por su complejidad y orden, y por la voluntad con la que se ejecuta para modificar la realidad.

El sol, por ejemplo, tiene valor intrínseco. Cambia, realiza un trabajo, y de este se desprende energía que capta el plancton en los océanos, convirtiendo esta energía en química; luego el plancton sirve de alimento para los animales más grandes en el mar, pero además separa oxígeno del dióxido de carbono en la Tierra. Esto es bueno para la vida, y no interviene la mano del hombre ni su tecnología.

Pensemos ahora en las semillas de los cereales. Estas fueron domesticadas por el hombre desde hace milenios a través de la selección de aquellas que consideramos que representan mayores capacidades para la producción. Las sembramos y las cosechamos, pero no pueden digerirse fácilmente por nuestro sistema digestivo sino hasta que las molemos en harina.

Con la harina y un poco de agua, podemos cultivar los fermentos y, gracias al aire que genera la levadura al alimentarse de la masa, combinado con un proceso de oxidación acelerada al exponer la masa a un calor determinado, convertimos estas semillas en pan.

La mano del hombre no inventó la semilla ni la levadura ni el fuego, tan solo dirigió el cauce de la naturaleza bajo cierto orden hacia algo que es "lo bueno" para la vida. Todo esto tiene "valor intrínseco", sin importar si nos gusta o no el pan.

Otra forma de comprender el "valor intrínseco" es que sin importar la opinión de los demás, probablemente preferiremos considerarnos a nosotros mismos como personas valientes y valiosas, antes que cobardes y desvalidos.

Encontramos ejemplos en todas partes, pero estos tres son mis favoritos pues los considero prácticos para explicar el significado de "valor intrínseco". Pero si prestamos atención en ellos, caeremos en la cuenta de que para valorar algo, siempre habrá un elemento de razonamiento sujeto al error de apreciación, en el lenguaje de símbolos que se usa para describir una idea, y en general existirá la posibilidad de que de alguna forma esto sea distinto a lo que en realidad está pasando.

De forma práctica, sin embargo, nosotros podemos reconocer en otros acciones que consideramos "valientes", "inteligentes" o que se llevan a cabo "con pasión", y aunque resulta complicado establecer un "valientómetro" para medirlo con precisión, sí podemos distinguir y contrastar estos actos de aquellos que consideramos como "cobardes" o que son un "desperdicio".

El valor extrínseco o "valor subjetivo" es precisamente esta conclusión personal que tenemos sobre el valor de las cosas. Dicha tesis se construye por la estima, el honor o las consideraciones que tenemos en comunidad acerca de algo o una acción determinada, convirtiéndolo en un acuerdo colectivo y generalizado del valor de las cosas.

Como el valor es una "acción que es buena para la vida", buscaremos que haya valores en todos los aspectos y campos que en nuestra vida que nos interesan, incluyendo, en este caso, los valores económicos. No perdamos de vista que, en la búsqueda de valores, el más preciado es el desarrollo de nuestra conciencia pues es el núcleo de nuestra humanidad. Desarrollar las capacidades de nuestra conciencia será la prioridad de nuestra atención y de nuestros esfuerzos.

1.2 Principio del carácter

Muchas de estas recomendaciones han sido propuestas y puestas en práctica desde tiempos remotos, y son en gran medida el fundamento del avance de la civilización humana. Se recopilan aquí, no con el afán de convertirlas en una carga personal o una herramienta para juzgar a otros, sino como un marco o guía para llevar a cabo nuestras tareas con más eficacia.

Hay que aclarar que no contar con esta lista de deseables tampoco significa que esté prohibido para nosotros llevar a cabo el ejercicio de colocación de capital, aunque definitivamente desarrollar estas sugerencias facilita obtener mejores resultados. Nuestro carácter define la naturaleza de cómo piensa y actúa nuestra conciencia, además de ser el rasgo que nos distingue de los demás.

Benjamin Graham explica que para ser exitoso en la colocación de capital es mucho más importante desarrollar un buen carácter que un buen cerebro. Por mi parte, sugiero que el término apropiado para describir un "buen carácter" es "un carácter valiente". Prepararnos con un carácter valiente nos permitirá afrontar las adversidades con la premisa de que podemos salir más fortalecidos de ellas.

Para Philip Fisher hay tres demostraciones de carácter que pueden garantizar el éxito en cualquier campo de la vida humana, "Éxito = $2i+1t$", esto es la integridad, el ingenio y el trabajo duro.

Un joven accionista de Berkshire Hathaway le preguntó a Charlie Munger cuál era su consejo para tener éxito en la vida. La respuesta fue muy al grano: "No te metas cocaína. No te le atravieses a los trenes. Y evita todas las situaciones de sida".

Si bien, esto suena gracioso, en la vida cotidiana esto es mucho más complicado. Para tener éxito, evita equivocarte. Si en lugar de duplicar nuestro esfuerzo para salir de un error, duplicamos nuestro esfuerzo sin haber cometido ese error, llegaremos mucho más lejos.

Ahora bien, creo que el fundamento para desarrollar un carácter valiente es la "humildad". El origen etimológico de este término está relacionado con "poner los pies sobre la tierra". Paradójicamente "humildad" comparte la misma raíz que "humanidad".

Lo que quiero mostrar es que la humildad está relacionada con reconocer que somos seres vivos hechos de polvo, sujetos al error y al engaño, que podemos equivocarnos, que somos imperfectos, en contraposición de adoptar una conducta guiada por la soberbia o la arrogancia.

Gracias a la humildad podemos reconocer nuestro alcance y limitaciones, y admitir nuestros errores. Con la humildad podemos trabajar en todos los demás rasgos de nuestro carácter para mejorarlos.

Si aceptamos nuestra ignorancia, dejaremos de creer que somos más inteligentes que las demás personas que conviven con nosotros en la sociedad y a su vez brindarles respeto. Además, podemos superar el error de presuponer cosas que no son realidad, y dejaremos de pretender adivinar el futuro.

La humildad nos ayudará a dirigir nuestra vida con congruencia entre lo que pensamos y decimos, de manera que nuestra mente vea con claridad y esté entrenada para reconocer el engaño y la mentira, que son la fuente de los prejuicios. Esto además nos permitirá hablar de manera libre, clara y directa con nuestros semejantes para conducir cualquier asunto.

Ser humildes nos permite ser más prudentes y moderados, ya que podemos considerar la existencia de oportunidades y riesgos, así como reconocer las consecuencias de nuestros actos. La humildad nos permite reconocer con claridad el valor de nuestra propia importancia, y que nuestras opiniones pueden no ser las más cercanas a la realidad.

Se requiere humildad para reconocer todo tipo de errores tanto propios como extraños con respeto. Si logramos esto, podemos corregir los errores del pasado y evitar cometer los del futuro.

De acuerdo con Warren Buffett, los "errores de omisión" son los más importantes, los más probables de cometer y al mismo tiempo los más difíciles de evitar al momento de colocar capital. Probablemente estos errores, que son actos que no cometimos, también sean los más difíciles de reconocer y admitir. Victimizarnos, ser autoindulgentes y justificarnos son estorbos en el desarrollo de la humildad.

El siguiente rasgo fundamental necesario para incursionar en esta actividad es la "curiosidad" para comprender mejor la realidad. En mi opinión, esto implica el uso del intelecto, pero no depende enteramente de él, pues también requiere el uso de nuestra intuición y de nuestros instintos.

Mediante la curiosidad podemos distinguir "lo bueno" y lo valioso, así como sus grados de intensidad. Con la curiosidad, aprendemos a usar más palabras de nuestro lenguaje adecuadamente, y aumentar nuestra capacidad para describir nuestros pensamientos, emociones, deseos, intenciones, las cosas, las situaciones y dirigir mejor nuestras acciones.

Por medio de la curiosidad, comprendemos mejor los riesgos y las oportunidades, las limitaciones y alcances. La curiosidad también nos permite cuestionar la racionalidad de las opiniones generalizadas acerca de las cosas y contrastarlas con nuestra percepción de la realidad, por tanto, es el fundamento para desarrollar un "pensamiento libre" de trampas mentales.

La curiosidad nos impulsa constantemente a salir de nuestra ignorancia por medio del aprendizaje. Nos exige entrenar la razón y ejercitarla, y como aprender no es algo sencillo, la curiosidad nos obliga a desarrollar disciplina para conocer lo que antes nos era ajeno.

El principio del intelecto es nuestra capacidad para aprender información, procesarla, distinguirla y clasificarla para formarnos una idea. Gracias al intelecto, los seres humanos podemos formular algoritmos, que son procesos de organización de recursos para obtener un resultado.

Mediante la curiosidad, los humanos encontramos nuevas interrelaciones complejas entre distintos algoritmos o patrones que habíamos buscado previamente en el universo. Esto aumenta nuestra capacidad de resolver problemas y así mejorar nuestra vida.

Finalmente, para que el desarrollo de estos rasgos perdure requeriremos de "perseverancia" para perseguir nuestros objetivos hasta las últimas consecuencias. Es imposible desarrollar este rasgo sin una dosis de "fe y esperanza" de que el futuro puede ser mejor y que avanzaremos como civilización. Y para este rasgo, también requeriremos "disciplina" para actuar o no actuar ante una circunstancia, a pesar de que el resto de las personas no piensen igual que nosotros.

Como la colocación de capital no es una actividad milagrosa ni de atajos, sino de sudor y sentido práctico, la perseverancia requiere "paciencia" para soportar el paso de los tiempos adversos. Será imprescindible acompañar estos esfuerzos con una preparación intelectual, espiritual y material para enfrentar las fluctuaciones.

Aunque el capital y el mercado son bestias complejas en sí mismas, nuestro principal adversario siempre seremos nosotros mismos. Por eso es indispensable que nuestro cerebro esté inundado de los pensamientos correctos que corresponden al marco intelectual, las actitudes mentales y el temperamento correcto para enfrentar la adversidad, que es inherente a la vida, y en general al proceso de colocación de capital para que nuestras decisiones sean las más pertinentes.

Aprendamos a reconocer nuestros alcances y limitaciones. Agradezcamos nuestra situación actual y encontremos satisfacción en cómo hemos conducido nuestra vida hasta el día de hoy. Esto nos permitirá tener control de nuestros sentidos, emociones, expectativas y, por tanto, de nuestros actos.

Como decía Benjamin Graham, aceptemos que solo podemos controlar nuestros pensamientos. Este es el principio del carácter necesario para colocar capital adecuadamente. Desarrolla un carácter valiente. Condúcete con integridad, ingenio y trabajo duro. Evita las fallas. Trabaja en las cualidades de humildad, curiosidad y perseverancia.

Al desarrollar esto, tendremos herramientas valiosas y poderosas para relacionarnos y entablar conversaciones con otras personas que, como nosotros, estén interesadas en los negocios y en la resolución de problemas, por lo que sin duda también son la semilla para desarrollar aspectos de valor extrínseco de nuestra marca personal. Mientras mayor responsabilidad, respeto y seriedad pongamos en el desarrollo de este asunto, mayor dignidad alcanzaremos de la confianza de otros.

1.3 Principio de la entropía

En el universo físico conocido por los humanos, podemos distinguir con claridad el espacio, la materia y la energía. Hasta donde sabemos, todo lo que hay en el universo está constituido por materia y energía, manifestándose de muchas formas y combinaciones. Ni siquiera los átomos, que son como los ladrillos de la materia, se encuentran totalmente estáticos en el universo, pues experimentan un intercambio constante de energía por la existencia de la fuerza de gravedad y la carga electromagnética.

Los humanos entendemos que el mundo físico es preexistente a nosotros, pero queremos que tenga congruencia para nuestras mentes, por lo que hemos encontrado ciertos patrones generales del comportamiento de lo existente, describiéndolos mediante algoritmos; los llamamos *leyes* o *principios*.

Algunas de estas leyes han probado una asombrosa elegancia y precisión en la descripción de los fenómenos que ocurren a lo largo y ancho del universo que conocemos, como la teoría de la relatividad general de Albert Einstein; aunque se encontrarán excepciones que requieren esfuerzos adicionales para calibrar estas comprensiones mediante la experimentación conforme se construye un cuerpo mayor de conocimiento gracias al avance tecnológico.

Decimos que la "materia" es todo aquello que ocupa un espacio y que se encuentra en diferentes estados en el universo. Por ejemplo, gracias a la astrofísica hemos observado lo que ocurre con los átomos de hidrógeno y helio cuando se aglomeran de forma masiva y son sometidos a altas temperaturas y presiones formando estrellas como el Sol.

Así hemos concluido que las estrellas son una especie de motores termonucleares, donde los átomos se encuentran en estado de "plasma", sometidos a grandes presiones por la interacción de la gravedad y las fuerzas electromagnéticas, lo que genera productos como los rayos gamma, que no es más que la energía que viaja por el espacio hasta nuestro planeta, y que es filtrada por nuestra magnetósfera, llegando a nuestra superficie para alimentar a nuestras flores y al plancton que vive en los océanos, y que influye de manera definitiva en nuestro clima.

También hemos teorizado y constantemente experimentamos con la naturaleza, por ejemplo, para determinar lo que pasaría si la materia se desprendiera de todo su calor para acercarse a lo que consideramos como "cero absoluto", y estudiamos las situaciones pudieran tener algún valor para la vida humana.

De la materia, comprendemos que la masa de un cuerpo está en función de la densidad de protones y neutrones que forman sus átomos, multiplicado por la extensión o longitud del número de átomos que lo componen.

A finales del siglo XVII, Isaac Newton descubrió que los cuerpos materiales tienen la tendencia de atraerse con cierta aceleración, modificando sus trayectorias, dependiendo de sus distancias con otros cuerpos en función de una constante de gravitación universal (g). Si los cuerpos se acercan, la aceleración de la atracción es mayor y si se alejan es menor. Este principio de la mecánica es bastante preciso y permitió al ser humano hacer cálculos para las primeras décadas de exploración espacial.

Sin embargo, fue en los albores del siglo XX cuando Albert Einstein teorizó que, basado en este conocimiento anterior, la gravedad es en realidad una deformación geométrica del espacio y el tiempo principalmente en torno a un cuerpo, ayudando con este concepto a comprender otros fenómenos como los "agujeros negros" cuya naturaleza intrínseca aún permanece como un misterio en nuestros tiempos.

Por su parte, de la "energía" pensamos que se trata de una capacidad de actuar, operar o realizar un trabajo sobre una materia, y no tanto como una sustancia intangible. Decimos que la energía es la causa de que ocurran las cosas, y que dicha capacidad puede estar "en potencia" o "en acción".

También hemos llegado a una mejor comprensión de la "luz" que es en realidad toda la radiación en el universo, incluyendo la que vemos con nuestros ojos. Esta radiación es la capacidad de "cargar", energizar e impulsar a la materia para generar movimiento, y propiciar cambios en el estado de las cosas.

Los humanos hemos podido calcular la velocidad de la luz que viaja por el espacio vacío. Esta velocidad resulta ser finita y exacta en cualquier parte. En su "Teoría de Relatividad General", Albert Einstein explicó cómo es que ninguna materia puede viajar a mayor velocidad que la luz que es una constante universal (c) de 299,792 kilómetros por segundo, y que no se puede transportar información a mayor velocidad que esta.

Einstein nos explicó también cómo es que la energía se transporta a través del espacio, cómo se transforma y cómo es que se encuentra presente en una ecuación en el universo, contrario a pensar en ella como algo que podemos destruir.

Así es como hemos llegado a conclusiones como la "Primera Ley de la Termodinámica", la cual explica que, si pudiéramos sumar toda la energía y toda la masa en el universo, tendríamos siempre un número constante.

Si consideramos la "Primera Ley de la Termodinámica", donde se dice que la energía no se crea ni se destruye, sino que se transforma, entonces comprenderemos que cada vez que ocurre un cambio o un evento de transformación de la realidad, nunca ocurre una transferencia perfecta de energía de un cuerpo a otro, sino que observaremos cómo una cantidad de energía aplicada no se utiliza: se "desperdicia" en forma de calor.

Este "desperdicio" a manera de calor, genera un cambio determinado, pero desordenado en el estado de las cosas. La consecuencia de esto es que el sistema en general tenderá a una configuración más desordenada que la situación anterior.

Si tomáramos una fotografía de cada situación, en la que se muestren los cambios que ocurren en el sistema, tendiendo a desordenarse por este fenómeno, obtendremos una percepción del ritmo al que suceden. A esta medición se le conoce como una medida de *entropía*.

Según haya más caos, mayor será la entropía del sistema, y en este sentido todas las cosas tenderán al azar y al desorden máximo, que es comprendido como *estado de equilibrio*. La "Segunda Ley de la Termodinámica" nos dice que el sentido de la entropía en el universo tenderá a incrementarse.

Gracias a la humildad podemos reconocer que la inmensa mayoría de las cosas que existen en el universo ocurren sin la intervención del ser humano. Los humanos no creamos la luz, ni la materia, ni los agujeros negros, ni las galaxias, ni los soles, ni las nubes de hidrógeno que conforman los cuerpos celestes. Y todos estos cuerpos están en cambio constante, generando más y más entropía en el universo.

Entonces, podemos decir que solo por el hecho de vivir, actuamos para modificar la realidad; y con cada acto, existirá un desperdicio inevitable de energía: aumentamos el desorden del universo.

Esto nos ayudará a comprender que todo lo que percibimos y que tiene cierto orden, cambiará respecto a su estado y ubicación determinado a otro distinto, provocando el paso del tiempo.

Así es como los humanos desarrollamos el concepto de tiempo, para comprender mejor el orden continuo del progreso de las cosas. El tiempo nos permite entender lo existente y sus dinámicas de transformación en el espacio.

Por ejemplo, lo que percibimos directamente con nuestra conciencia es "el presente". También decimos que este es una consecuencia de una situación predecesora irreversible que recordamos y que llamamos "el pasado". Pensamos también que la situación actual cambiará hacia una nueva situación impredecible, "el futuro". Para los seres humanos, el paso del tiempo es la vida. Registramos su paso gracias a los eventos que ocurren.

Como el universo cambia constantemente, los humanos sentimos que la vida seguirá sin detenerse a pesar de lo que suceda en nuestras vidas personales, pero esto afecta nuestra percepción del paso del tiempo, como lo dice la canción "Il Mondo" que interpretó Jimmy Fontana[1]:

"El mundo gira en el espacio sin fin, aunque nazca o se acabe el amor, aunque haya alegría y dolor de gente como yo.

¡Oh, mundo! Ahora te miro, me pierdo en tu silencio, y no soy nada a tu lado.

El mundo nunca se detuvo un solo momento, la noche siempre sigue al día, y el día seguirá.

Pero regresemos al aspecto físico del tiempo. Si el espacio es continuo, entonces el tiempo es continuo, pues no hay forma de medir el paso del tiempo. Además, como lo indica la "Primera Ley de Inercia" de Newton, si un cuerpo permanece inerte, este no cambiará su situación hasta que una fuerza exterior actúe sobre él.

Es por eso por lo que, si los humanos medimos el tiempo, en realidad lo que estamos midiendo es el movimiento de las cosas. Por eso usamos relojes, algún momento importante de la Historia o el traslado de los cuerpos celestes como referencia para cuantificar el paso del tiempo.

---

[1] Letra de "IL Mondo" de 1965 © Universal Music Publishing Group, canción compuesta por Gianni Meccia, Carlos Pes, Lilli Greco y Jimmy Fontana con arreglos de Ennio Morricone.

Podemos deducir, entonces, que no hay tiempo si no hay cambios. Con esto también concluimos que la entropía nos permite explicar el sentido de los sucesos de manera lógica.

Un ejemplo muy práctico de la observación del efecto de la entropía en nuestra vida cotidiana es el refrán de nuestros abuelos cuando se desgastaban nuestros zapatos nuevos y nos enseñaban que "todo por servir se acaba". Este efecto lo describe Warren Buffett cuando señala que en los negocios nada crece de manera indefinida, pues "los árboles no crecen hasta las nubes".

Este fenómeno siempre se ha observado, pero comenzó a discutirse formalmente en tiempos de David Ricardo a inicios del siglo XIX; actualmente está asociado con la entropía. La "Ley de los Rendimientos Decrecientes" es un concepto aplicable en casi todos los campos de la naturaleza.

En términos sencillos, este principio señala que todo crecimiento de un sistema productivo tiene un límite, y conforme este se desarrolla, los cambios progresivos subsecuentes serán cada vez más pequeños.

Pasa con las cosas nuevas que se deterioran conforme las usamos, pero también con nuestra satisfacción al probar el primer bocado de una buena comida, esta se reduce conforme queda saciado nuestro apetito. Otra manera de ver este principio comúnmente es que una oportunidad disminuirá conforme es aprovechada. Desde que existimos hemos tratado de explicar varios de estos fenómenos para garantizar el avance de la vida humana con certeza.

Como estos fenómenos se encuentran en la naturaleza y trascienden nuestra opinión, ignorarlos no nos exime de experimentar las implicaciones de su existencia. Ignorarlos deliberadamente nos puede llevar a cometer errores.

Consideremos también que el mundo de los negocios es infinitamente pequeño comparado con el gran dominio de las cosas, y por supuesto que no es ajeno a la naturaleza del paso del tiempo ni de la entropía. Por eso es tan importante considerar este principio en el mundo de los negocios para atemperar los entusiasmos que conllevan los prospectos futuros de cualquier aventura empresarial.

1.4 Principio de los problemas

Un problema es una pregunta, situación, dificultad u obstáculo que nos impide el logro de un propósito o deseo. Ante un problema, nuestra conciencia se inquieta, generándose una situación de contingencia que nos incomoda y de la cual muchas veces queremos librarnos.

Cuando los problemas son incomprensibles, los clasificamos en el espectro de lo que consideramos imposible o misterioso, y tratamos de vivir con su existencia; pero si los problemas están bien definidos, buscaremos rutas generales para resolverlos, y por lo tanto procuraremos construir planes específicos que funcionen. Sin embargo, cuando tratamos de comprender un problema, experimentamos construcciones mentales que no son intencionales, conocidas como "sesgos cognitivos", que nos limitan o impiden apreciar las cosas de manera adecuada.

Por ejemplo, tenemos la tendencia a únicamente buscar información que coincida con nuestras ideas previas sobre lo que nos rodea. También queremos resolver problemas nuevos con soluciones que funcionaron en el pasado y nos resistimos a probar cosas distintas.

A veces queremos usar nuestras herramientas de la manera en que nos enseñaron que funcionan. Si nos juntamos en un grupo para resolver un problema, lo tendemos a compartir una sola forma de apreciarlo, lo que nos lleva a todos a la misma conclusión.

A veces creemos que recopilar mucha información irrelevante es una forma de comprender un problema, cuando en realidad lo que hacemos es complejizarlo. A veces nos enfocamos en ciertos aspectos del problema por curiosidad o ego, y desviamos nuestra atención de lo esencial que queremos resolver. Muchas veces perdemos de vista el valor que estamos buscando, haciendo que nuestros esfuerzos de resolver problemas se vuelvan ineficaces.

Sobrepasar estos obstáculos se dificulta si alimentamos la ignorancia, los temores o si nos apresuramos a juzgar sin elementos; la tarea es más fácil si tenemos entrenado nuestro carácter.

Resolver problemas exige el uso de nuestro intelecto, pues la interpretación que le damos a la situación y su contexto, las reglas que pueden ser aplicadas para resolver, así como mantener a la vista el propósito último de resolverlo son esenciales para encontrar soluciones óptimas.

Un problema humano requiere que exista al menos una conciencia que lo padezca. Por ejemplo, un sismo no representa un problema humano a menos que haya alguien en riesgo de padecer sus efectos; así un terremoto de gran magnitud en el planeta Júpiter aún no es un problema humano. Por su parte, los problemas sociales requieren al menos dos conciencias interesadas en un tema específico, generando una controversia por la existencia de posiciones diversas acerca de su resolución.

Las personas queremos vivir. Tenemos necesidades, deseos, y como decía Viktor Frankl, la "elección de nuestra actitud personal ante las circunstancias". Si hay libertad física y moral, podremos decidir cómo tratamos a los demás, y lo que haremos con el tiempo y recursos que tenemos a nuestra disposición.

Una persona no nace de sí misma, sino de una persona semejante. En el nacimiento se forma de inmediato la primera célula social y se crean vínculos filiales y afectivos. Aquí puede surgir un acuerdo no verbal, pero entendido, de solidaridad para que la vida perdure y trascienda, y un deseo más allá de lo individual, de vivir "lo bueno" a pesar de las circunstancias sometidas a la "entropía". Así podemos observar el origen de un problema humano.

Conforme transcurre la vida humana, observamos el surgimiento de más problemas. Si por cada persona describiéramos todos estos problemas, así como las ideas llevadas a cabo para resolverlos y multiplicamos esta recopilación por el número de personas que han existido hasta este instante, tendríamos idea de lo que constituye a la civilización humana.

Nuestra comprensión es limitada, pero nuestros deseos de vivir son prácticamente ilimitados en conjunto, y nuestros recursos están sometidos a la entropía. Esto hace que los problemas de la humanidad sean inmensos.

Para enfrentar esta problemática, históricamente usamos nuestra conciencia para organizar nuestras fuerzas en sociedades, especializarnos en disciplinas, establecer reglas de convivencia e instrumentar autoridades, entre otras actividades; en cierta manera, formamos un algoritmo social cuya naturaleza influye en el modo en que tomamos decisiones de vida incluyendo las de consumo y producción.

Todas las personas deseamos vivir, concentraremos nuestras intenciones en los recursos y espacios vitales que creemos disponibles, lo que ocasiona competencia y el nacimiento de innumerables problemas sociales, así como relaciones de poder. La resolución de estos problemas ocurrirá mediante el derecho, la autoridad, la fuerza, el crimen, acuerdos de relaciones sociales o los negocios.

El *poder* es capacidad de modificar la realidad y es inherente a todos los seres vivos. Al igual que la energía, esa capacidad para realizar un trabajo sobre la materia, el poder se observar "en potencia" o "en acción" lo que implica que esté en todas partes, que venga de todos lados, que defina nuestras vidas. A esto se refiere Michel Foucault cuando señala que "el poder es algo estratégico". Los humanos ejercemos el poder de manera intencional y deliberada para que avance nuestra vida.

Una relación de poder es un contrato basado en la confianza. Su esencia está en la capacidad de actuar o lograr que algo suceda para cumplir una promesa con firmeza, con el objetivo último de asegurar el avance de la vida. Para resolver un problema, se requiere la decisión de usar o no el poder.

Como el poder se basa en las ganas de vivir, lo podemos apreciar en todas las relaciones humanas. El poder tiene la facultad de entramarse para complejizarse y agregarse en estructuras jerárquicas de contratos basadas en promesas, así un grupo de personas "puede" lograr más que una persona sola, y en su máxima expresión se constituye lo que se conoce como poder de gobierno o *poder estructural*, capaz de operar dentro de un escenario, y con suficiente tamaño; este podría "organizar y dirigir los escenarios", según Eric R. Wolf, o dicho de otra forma, "poder actuar sobre las acciones", según Foucault.

Recordemos, cada acto humano genera entropía y la consecuencia de actuar para vivir genera "desperdicios" de energía en forma de calor, y, por tanto, desorden. Esto significa que la agregación de estructuras de relaciones de poder para vivir también genera nuevas realidades, más desorden y, por lo tanto, nuevos problemas.

Además, hay que considerar que las jerarquías de poder son sistemas dinámicos en constante cambio. Por un lado, quienes gobiernan la estructura del poder buscan "lo bueno" para sí mismos y para quienes les sostienen gobernando; pero al mismo tiempo, las propias estructuras se encuentran sometidas a la degradación por la entropía, lo que genera constantemente desequilibrios y juegos de poder entre quienes gobiernan, quienes pretenden gobernar y quienes son gobernados por la estructura. Es decir, conforme pasa el tiempo, hay una creación y destrucción de las estructuras de poder, acompañado esto de problemas.

Todo esto provoca que, ante un mundo entrópico, la aparente solución de organizarnos de manera colaborativa para superar la adversidad con el propósito de lograr "lo bueno" para nosotros mismos, nuestros seres queridos y nuestros semejantes, no sea suficiente para resolver la tasa de creación de nuevos problemas.

Muchas personas creen que en los valores económicos como la riqueza encontrarán la solución de sus problemas, aunque estos surjan de campos de la vida distintos al económico. Una manera de obtener valores económicos es resolviendo problemas de distintos campos de la vida de muchas personas, de modo sistemático y sostenido. Algunas personas disfrutan de resolver este tipo de problemas. Esta situación afecta la naturaleza de las relaciones humanas y también genera más problemas.

1.5 Principio del futuro

En las culturas occidentales, los humanos vemos el paso del tiempo como una línea vectorial en la que el futuro es la porción que aún no ocurre. Con la información que creemos conocer, gracias a lo que hemos recolectado del pasado y lo que experimentamos en el presente con nuestros sentidos, tratamos de conjeturar, proyectar, calcular y anticipar los cambios que están por ocurrir, para generar un pronóstico o modelo del futuro.

Si los cambios de algo se dan de manera relativamente uniforme, y si podemos identificar plenamente las variables que generan estos en intensidad y dirección, aumenta la probabilidad de predecir su comportamiento.

Si conocemos con mayor certeza el ritmo de cambio de las cosas, el sistema que se modela, los estados posibles de acuerdo con su dinámica actual, pero también su esencia, nuestro modelo del futuro quedará mejor calibrado. Esta es la base para generar fórmulas acerca del futuro, siempre y cuando el resto de las variables permanezcan intactas.

Como no ocurre una comprensión total de todos los factores, ni conocemos la naturaleza real de la existencia de las cosas, siempre habrá un riesgo o incertidumbre de que el modelo o especulación acerca del futuro no ocurra. Por tanto, el conocimiento de la realidad futura se vuelve impreciso o limitado, debido a la posibilidad de que existan eventos o cosas no contempladas.

Es importante notar el rol indiscutible que juegan nuestro cuerpo animal, el instinto, la intuición, las emociones, nuestros prejuicios y nuestra escala de valores en la manera como vemos el mundo, cómo procesamos la información y cómo tomamos decisiones.

Esta condición dificulta nuestra capacidad para distinguir lo que es "real" y lo que es una imaginación o especulación ambigua. Esto limita nuestra conducta, y nos hace vulnerables a probabilidades de que, al ejecutar un acto, ocurra un efecto indeseable que resulte en una pérdida o daño a quienes lleven a cabo el acto. Esto aumenta la probabilidad de actuar propensos al error y siempre con elementos insuficientes pero generales de lo que creemos que es la realidad.

Cuando nuestra conciencia hace conjeturas lógicas y secuenciales para describir el cambio de un estado o ubicación en el espacio y tiempo que aún no ha ocurrido, es que pensamos en el "futuro". Si decíamos que el pasado era "irreversible" debido a la dirección de la entropía, podemos afirmar también que el futuro es "inevitable".

El futuro es algo que vendrá a partir de hoy. Como el tiempo es una razón de cambio, el futuro se verá distinto al día de hoy, y será una consecuencia del avance de la vida, combinado con el ritmo del avance de la entropía en el universo. Esta hace que el futuro sea "impredecible".

En cuanto a la entropía en el universo, es un sentido imposible de detener hasta donde sabemos. Pero en cuanto al avance de la vida, los humanos domesticamos los recursos de nuestro entorno conforme a nuestras capacidades mediante la tecnología. Esto es algo que hemos demostrado desde la creación de jardines en la Antigüedad hasta las tecnologías de Inteligencia Artificial desarrolladas a la fecha.

Entonces, si desde inicios de los tiempos esperamos que el universo se degrade de forma inevitable, también hemos tenido la alternativa de esperar que algo nos salga bien para que avance la vida, y en consecuencia podemos actuar para que esto ocurra de forma grande, para que el mundo sea mejor.

Esta es la posibilidad de que ocurra la *singularidad*, según reflexiona Peter Thiel. Estaremos conscientes del sentido de la entropía hacia el futuro. Sabremos que está lleno de sorpresas, accidentes, vicisitudes y eventos que nos sorprenderán y conmocionarán.

El principio del futuro es que será inesperado, diferente e inevitable. Y como decía Benjamin Graham: "Lo único que sabemos con certeza del futuro es que nos sorprenderá", por lo que nuestro actuar estará basado en protegernos de los eventuales riesgos de recibir daños.

Al mismo tiempo, como señala Peter Thiel, este principio nos da la oportunidad de asumir la responsabilidad de construir el mejor de los futuros posibles, haciendo más con menos. De esta manera reescribiremos lo que se espera en el futuro.

1.6 Principio del capital

El capital es una tecnología social creada para aumentar la capacidad de contener valores económicos basados en el poder organizado con fines de producción de algo útil. Aunque etimológicamente el término se asocia normalmente con la raíz protoindoeuropea *kaput* (cabeza) probablemente en referencia al ganado, también comparte la raíz indoeuropea *kap* (capturar).

A diferencia de los recursos inertes (bienes, herramientas y propiedades), el capital puede aumentar con el desarrollo de la conciencia (como la organización, el conocimiento y la mejora de procesos), la cantidad de trabajo humano (incluyendo más voluntades o la administración) y el desarrollo de innovaciones tecnológicas. Esta agregación de poder conlleva muchas veces la generación de mayor valor que las partes existiendo de forma separada.

Como el capital se basa en un derecho, requiere de la existencia de un sistema legal que le proteja y le permita operar en condiciones suficientes para extenderse en alcance y sostenerse en el tiempo.

Como hemos explorado, los problemas pertenecen a varios dominios de la vida humana. Estos pueden solucionarse mediante la obtención y aplicación de valores de distintos tipos.

Cuando una persona decide obtener valores económicos, podrá hacerlo mediante la renta de su trabajo, empleándose. Si se encuentra en una posición económica lo suficientemente cómoda para actuar y cuenta con una idea factible, también podrá establecer relaciones comerciales de producción y consumo, basadas en la tecnología del capital. Estos procesos de obtención de valor no deberán exceder el costo de llevar a cabo dicha actividad para que la actividad sea sostenible conforme pasa el tiempo.

Como el capital es una capacidad de contener valores económicos, algunas veces se comprende como una medida de riqueza o abundancia. Pero hay que aclarar que no todo valor económico es riqueza. Por ejemplo, el dinero o las mercancías con valor añadido no son igual a riqueza.

Dicho en pocas palabras, el dinero es "confianza inscrita" de acuerdo con Niall Ferguson, pues se trata de un fenómeno o tecnología que emerge por la creación de un mercado. La función elemental del dinero es cristalizar las relaciones de confianza entre un prestador y un prestatario ante escenarios de complejidad e incertidumbre.

Como instrumento, el dinero nos permite transferir una certeza en una promesa con base en una institución reconocida por el mercado. Por tanto, el dinero es una cuestión de creencia. Como valor económico, su uso más importante es permitirnos cuantificar el precio de las cosas, por lo que se vuelve esencial en el registro de los asientos contables. La otra gran función del dinero es permitirnos almacenar un valor económico si no usamos el dinero, y como un medio de intercambio si lo usamos.

El dinero también es esencial en la instrumentación, cuantificación e intercambio de promesas de pago diferido en el futuro incluyendo una compensación o interés como los créditos, los contratos derivados hacia el futuro o la tenencia accionaria sobre un sistema de capital. Para que el dinero funcione, deben existir instituciones centralizadas o descentralizadas que garantizan cierta configuración y generen certeza de su valor social. Estas instituciones son la base de la existencia de los sistemas monetarios.

El capital aumentará por aceptar una ganancia y su articulación dentro del mismo sistema, y disminuirá si el sistema debe desmembrarse por una pérdida que se admite al cumplir con una obligación de pago.

Después de un proceso de producción económicamente rentable se cuantifica una ganancia, que es la diferencia entre la generación de los ingresos de la operación y la distribución de los gastos relacionados a esta en un tiempo determinado. La ganancia estará en función de la configuración del sistema de capital.

Como es un recurso económico, la ganancia puede distribuirse en forma de dividendos para los propietarios del sistema de capital, o reinvertirse en el propio sistema, ocurriendo el fenómeno de *capitalización*, esto es, el aumento de la capacidad de contener valores económicos.

Cada ejercicio de producción económicamente rentable resuelve un problema y al mismo tiempo genera más entropía produciendo nuevos problemas por resolver. Al descubrirse oportunidades de generación de ganancias, estas pueden ser identificadas por otros agentes, provocando la formación de competidores con sistemas de capital y ofertas de valor similares. Esto puede afectar la rentabilidad y el ritmo de capitalización de un sistema.

El fenómeno de capitalización, es decir, que algo cambie en la proporción de la cantidad en sí misma, es una fuerza de la naturaleza que puede observarse en los cambios de sistemas. Un ejemplo son las poblaciones con vida como las personas, bacterias, plantas o cabezas de ganado.

Este fenómeno se encuentra modelado por medio de la fórmula sencilla de *ganancia compuesta*, que puede explicar una situación final "X_f" en función de una situación inicial "X_0", que cambia a un ritmo de capitalización de ganancias "r" durante un número determinado de iteraciones "n":

$$X_f = X_0 \, (1 + r)^n$$

Esta es una simplificación, pues existen otras maneras de expresar el fenómeno con más precisión usando funciones logarítmicas (como las series infinitas "e" en matemáticas).

Hay que estar consciente de que los ritmos de capitalización varían en la vida real de un ejercicio a otro, pues evidentemente las condiciones son cambiantes. Por ejemplo, si asumimos que en el año 1 había 300 millones de seres humanos en la Tierra, podemos decir que la humanidad ha crecido a una tasa de 0.161% anual desde entonces, aunque se sabe que de 2019 a 2020 crecimos a un ritmo de 1.08%.

Cada evento de capitalización en la búsqueda de aumentar la capacidad de resolver problemas genera entropía y problemas de otra índole, cambiando las condiciones del entorno donde el sistema de capital se desenvuelve. Esto ocurre porque habrá una concentración de recursos para fines determinados, y un costo de oportunidad de usar esos recursos en otros fines.

No es de Albert Einstein la frase de que "el interés compuesto es la fuerza más poderosa del universo", pero es posible observar que este principio sea la fuerza por la que la vida se abre paso, se reproduzca y se multiplique en un mundo sujeto a la entropía.

Por eso, la "ganancia compuesta" es algo importante cuando se habla de capital, pero sería un error asumir que un ritmo de crecimiento determinado se extenderá hacia el futuro de manera constante sin que los sistemas se reconfiguren, pues el ambiente está en constante cambio.

Como se trata de una tecnología que creamos los seres humanos, lo correcto es que nosotros dominemos la tecnología y esta nos sirva para vivir mejor. En mi opinión, resulta absurdo y por demás ridículo idolatrar los objetos que creamos, o ponerlos en el centro de nuestra conciencia humana. Creo que, para cubrir nuestras necesidades del sentido de la vida, tenemos valores superiores como los familiares y los espirituales.

1.7 Principio de los negocios

Los negocios son algoritmos. Un algoritmo es una secuencia finita y ordenada de instrucciones bien definidas, y sin ambigüedad, para resolver mediante operaciones un cómputo o solucionar un problema.

Como hemos visto, la conciencia humana utiliza el intelecto para comprender y establecer algoritmos. Tenemos evidencia del uso de algoritmos desde las civilizaciones más antiguas. Cuando imaginamos que existe una fórmula para sumar toda la energía y masa del universo, estamos usando un algoritmo para comprender mejor nuestro universo.

La esencia de un negocio (o aquello por lo que nos "negamos" al "ocio") es un algoritmo que resuelve un problema humano de proporciones sociales, organizando recursos y trabajo a cambio de una recompensa relacionada con la solución proporcionada. Cuando se concibe el algoritmo que sustenta un negocio se crea algo singular de algo inexistente y, por tanto, una tecnología, que es una forma mejor de hacer las cosas de acuerdo con Peter Thiel.

Cada idea de negocio se basa en un algoritmo diferente, pues cada persona tiene conjeturas u opiniones distintas de la realidad. Una sociedad humana puede beneficiarse de la existencia de un algoritmo de esta naturaleza, ya que se resuelve un problema determinado, aunque al mismo tiempo se crean nuevos.

Un algoritmo se diseña para que la solución se logre de la forma más eficaz posible, desde las premisas correctas para evitar la falsedad y los dogmas, lo que permitiría maximizar un beneficio económico para capitalizarlo y extender el alcance de la solución propuesta. Es decir, un algoritmo de negocio basado en un sistema capital tiene la vocación de hacerse más complejo y extenderse en alcance y duración para resolver nuevos problemas que surgirán por la resolución de otros anteriores.

La recompensa de ejecutar el algoritmo bajo un sistema o programa debe ser más o menos clara para quienes lo operan, de manera que se plantee un objetivo concreto, se identifique con cierta claridad el problema a resolver y, gracias a esto, poder estar consciente del tipo e intensidad de inteligencia, trabajo, procesos y recursos requeridos para entregar el material o actividad preciado que resultará de la ejecución del algoritmo.

Cuando un grupo de personas se incorpora en un organismo para crear un sistema de capital que ejecute un programa basado en un algoritmo de negocio, nace una "persona moral" con objetivos de desarrollo de capital, y se crea una innovación por sí misma, que se conoce comúnmente como *emprendimiento* o *empresa*. La operación de esta empresa se basa en actos inteligentes y constantes que requieren la reunión de energía, materia y ciencia para solucionar un problema.

El capital aportado permitirá una configuración inicial con cierta complejidad y recursos limitados para la operación del algoritmo de negocios y su participación en la sociedad. Si el algoritmo resuelve problemas de manera eficaz desde su operación inicial, aumentan las probabilidades de que este se sostenga con el paso del tiempo.

A medida que el algoritmo aumenta su capacidad para resolver problemas, será susceptible de ser escalado en tamaño y complejizado para resolver problemas en mayor cantidad y/o cualidad. Habrá algoritmos que requieran un flujo constante de aportaciones de capital para sostenerse hacia el futuro, hasta que el sistema alcance un tamaño determinado, y se encuentre en condiciones de capitalizarse mediante las ganancias de valor económico.

El principio de la operación de algoritmos de negocios es la resolución de problemas humanos. La finalidad de capitalizar las ganancias de un algoritmo de negocios es aumentar la capacidad del algoritmo de resolver más problemas de maneras cada vez más eficaces a pesar de las dificultades inherentes al crecimiento.

En este sentido, es que los negocios se configuran al servicio de las personas para resolver problemas, como una tecnología para vivir en un mundo sometido a la entropía y reescribir un futuro mejor de manera sostenida. Esta es la justificación de la generación de valor económico y lo que define la naturaleza de los prospectos deseables para la colocación de capital.

2 Principios de forma

Principios para la comprensión
de la manera correcta de colocar capital

2.1 Principio del análisis

Como el término *análisis* proviene de una palabra griega que significa "aflojar o separar algo desde arriba y a lo largo", normalmente se piensa que analizar un problema consiste en descomponerlo o disolverlo en sus partes; sin embargo, este es uno de tantos métodos que existen.

En la actualidad creemos que analizar algo es un proceso mental en el que se examinan y comprenden los principios de las cosas para obtener una conclusión más precisa de algo que inicialmente creíamos que era.

Analizar algo es un proceso subjetivo. Cada persona ha desarrollado un método propio con el que absorbe información del exterior para luego interpretar su versión del mundo a su manera. Esto hace que históricamente existan discusiones acerca de cuál es la metodología óptima de analizar algo y cuál es la forma que da los mejores resultados. En otras palabras, buscamos que nuestra capacidad de describir la realidad sea lo más apegada a lo que realmente ocurre.

Existen muchas formas de analizar algo, no solo en la regresión para encontrar las causas de las cosas, como lo planteaban algunos griegos de la Antigüedad, o utilizando las herramientas de análisis reductivo que se encuentran en el desarrollo de la geometría analítica del siglo XXVII. También consideremos las ideas de análisis conceptual de la filosofía desarrollada por pensadores como Kant, Leibniz o Descartes para descubrir la realidad por medio de la razón y el método.

Por ejemplo, si buscamos examinar algo para encontrar las causas de los efectos, los efectos de las causas, el todo de las partes o las partes del todo, podemos recurrir a un método científico o racional como el que planteaba Descartes, como una protección contra nuestros prejuicios acerca de las cosas.

Y aunque es importante el afán de la pureza de nuestros conceptos y capacidades de describir las cosas, consideremos que, como sugiere Karl Popper en su obra de *Conjeturas y refutaciones*, solo nos conformamos al saber que tenemos una conjetura lo más aproximada posible de lo que es verdadero. Aun así, dicha conjetura deberá someterse constantemente a pruebas para refutarla, de manera que se perfeccione constantemente nuestra cercanía con la realidad.

El principio del análisis consiste en definir el motivo por el cual lo estamos realizando. Si lo que buscamos es descubrir la verdad acerca de algo que desconocemos, será pertinente utilizar métodos de resolución.

Pero si lo que buscamos es probar a otros lo que ya sabemos, lo mejor será hacerlo utilizando métodos de demostración o instrucción.

En general, para analizar "algo" lo primero es pensar en ello. Luego tratar de interpretarlo usando algún lenguaje determinado que nos sea familiar para expresarlo y articularlo. Así, inherentemente, identificaremos los principios de "eso" para explicarlo. A esto se le conoce como la *dimensión interpretativa* de un análisis.

El impresionante desarrollo tecnológico de capacidades de computación de la actualidad vino acompañado de herramientas que hace unas décadas solo estaban disponibles en nuestra imaginación. Ahora es posible que una computadora opere y procese una inmensa cantidad de datos a velocidades mucho mayores que los humanos jamás podríamos lograr. Por lo tanto, nuestros medios para encontrar relaciones matemáticas en lo que percibimos como realidad han aumentado y se han enriquecido, y al mismo tiempo nos han abrumado por su abundancia.

Esto ha guiado, por ejemplo, a que prevalezca un énfasis en el análisis cuantitativo de las cosas en la literatura científica moderna, surgiendo constantemente preguntas acerca de cómo se interpretan los resultados aritméticos para traducirlos en enunciados lógicos que hagan sentido con lo que creemos que es la realidad.

Como resultado, la manera de analizar las cosas ha requerido que busquemos formas de conectar la información de distintas disciplinas para encontrar *modelos mentales* multifactoriales como lo sugiere Charlie Munger.

De acuerdo con Benjamin Graham, el *análisis de valores empresariales* se realiza con el propósito de describir un negocio y criticarlo de una manera determinada para que tengamos una conclusión coherente e inteligente acerca de su naturaleza, incluyendo su pasado, su presente y su futuro a fin de determinar si este (o algunas de sus porciones) debe ser adquirido, vendido, retenido o intercambiado.

Los estándares que deben seguirse para el análisis representan un marco práctico basado en principios sólidos. El análisis consistirá en examinar cuidadosamente los hechos del pasado y los indicios del sentido de las cosas para llegar a una conclusión lógica e inteligente de inversión. Se estudia el pasado con el propósito de comprender capacidades del negocio subyacente para tener éxito hacia el futuro.

Los números del pasado nos hablan mucho de la capacidad de un negocio y de una gerencia para generar resultados, mientras los prospectos nos pueden hablar de las posibilidades o los alcances que existen basadas en promesas futuras. Comprender ambos aspectos y su importancia es esencial en el momento de considerar la colocación de capital.

Se tendrá especial cuidado para no utilizar información inadecuada o incorrecta que lleve a conclusiones lógicas pero imprácticas. También se debe aprender a identificar las artimañas contables que se hacen para conciliar información, pues son indicios de la existencia de conflictos de interés. Es necesaria la precaución para no llegar a conclusiones viciadas por la apariencia, pues esto puede alterar la conclusión general.

Estemos conscientes que será imposible describir un negocio a la perfección, pues existen los sesgos cognitivos, las limitaciones de lenguaje, inclusive errores en la recolección de datos. Además, consideremos que nuestras conjeturas expiran con el paso del tiempo por el cambio de las condiciones.

Si ya desde tiempos de Benjamin Graham la cantidad de información era extensa, ahora, aunque tengamos herramientas superiores de cómputo, el análisis se puede convertir en algo ilimitado y extenuante. Para efectos prácticos sigamos la sugerencia del Maestro. Sabemos que no es lo mismo invertir $1 mil que $1 millón, en cuyo caso tendríamos que prestar más atención al detalle. De igual manera, una oportunidad de ganar 18% representará más complejidad y posibilidades de cometer errores de apreciación, y requerirá más estudio que una probabilidad de 1% de ganancia.

Toda información debe examinarse con cuidado y con mucho escepticismo. Además, es esencial por cuestión de eficacia aprender a separar la información irrelevante de la información crítica que nos ayude a comprender la realidad con más precisión.

Diremos, pues, que como analistas de negocios buscaremos obtener evidencias para formarnos una opinión general, más no exacta, acerca de un negocio; pero que sea suficientemente contundente para comparar esta imagen con lo que el mercado piensa y así identificar posibles oportunidades comerciales.

Como diría Graham, la conclusión del análisis es como cuando una mujer determina que un hombre es lo suficientemente atractivo para sus gustos, o como cuando decimos que una persona tiene suficiente edad para votar con sólo verle.

2.2 Principio de lo macroeconómico

Comprender el desempeño macroeconómico nos permitirá tener una idea mejor del entorno en donde opera el prospecto de colocación de capital.

Como el algoritmo esencial de un negocio funciona porque existe una oportunidad de solucionar un problema social específico, es infructuoso pensar que el progreso macroeconómico de todas las cosas afectará particularmente el estado de esta oportunidad.

Mucha gente comete este error pensando que, con el pronóstico del progreso de la economía, se puede anticipar la existencia de una oportunidad concreta, o que si no se cuenta con información de lo que ocurrirá en la macroeconomía se tendrán malos resultados en la inversión.

De acuerdo con Philip Fisher, esta situación crea actitudes generalizadas pesimistas donde se tiene cautela en exceso, dejando pasar buenas oportunidades cuando el futuro se ve complicado o, en contraste, actitudes generales optimistas en donde se caen los estándares de precaución, y se toma cualquier oportunidad pensando que todo saldrá bien, sin una explicación determinada o una razón concreta.

Como el paso del tiempo es una medida de cambio, se debe tener cuidado de tratar de extrapolar el futuro utilizando regresiones lineales simples. Ya quedó explicado que siempre habrá factores y variables que ignoramos o que no consideramos lo suficiente.

Dedicar demasiado tiempo en pensar cómo será el futuro sin actuar para construirlo, me parece un uso de recursos y energía pertinente para el dominio del ocio o la expresión artística, lo que puede resultar valioso en esos campos; pero hacerlo en la actividad de colocación de capital, puede alterar nuestras estimaciones y la calidad de nuestras inversiones

En defensa de la necesidad de hacer este análisis, hay que señalar que el hecho de que nuestras actividades obedezcan a un reino de lo local no significa una licencia para ignorar las condiciones del entorno.

Una analogía de esta situación es como cuando nos interesa conocer a una persona para entablar una relación romántica. Aprender cómo es que la interacción electromagnética entre el Sol y la Tierra tiene un impacto directo en los cambios de nuestro clima, nos ayudará a entender si lloverá el día de nuestra cita con esa persona, pero no es información esencial para lograr nuestro objetivo.

No se necesita esa información para aprovechar una oportunidad de invitar a alguien a salir. La información importante, si queremos despertar el interés romántico de una persona, es darnos a conocer, para saber si hay interés muto en profundizar esa relación y convivir. A menos que sea una forma de darnos a conocer, por lo general en esa situación, la otra persona estará más interesada en nosotros y en la manera como pensamos, que en ese tema que queremos compartirle.

Otro modo de decirlo es que no es necesario saber si hará ligeramente más frío o más calor la siguiente semana para decidir que le haremos un favor sencillo a un amigo. Aunque, ciertamente, las condiciones del tiempo podrían incidir en la naturaleza de las interacciones sociales, por lo que darle la justa dimensión a este aspecto nos ayuda a prepararnos más adecuadamente para enfrentarnos a los cambios.

El objetivo del análisis macroeconómico consistirá entonces en tener una comprensión general del estado actual de las cosas en donde interactúan los negocios que nos interesan. Para hacer una caracterización, hay que estar siempre conscientes que el fundamento de una economía son las personas. Es importante observar cómo se conforman las familias y cuál sería el comportamiento de su consumo, esto mostraría señales del desarrollo y comportamiento de la demanda de bienes y servicios.

Por ejemplo, de acuerdo con Philip Fisher, dependiendo del nivel de los salarios, aparecen las restricciones para sostener a las familias. Mayores restricciones salariales provocan que más personas se sumen a la fuerza laboral, lo que incrementa el número de competidores en una industria.

A medida que una sociedad crea o perfecciona nuevos algoritmos de negocios a través del desarrollo tecnológico, surgen nuevas industrias y valores. Al mismo tiempo, la creación de nuevas industrias o soluciones tiene la capacidad de destruir antiguas que podrían desaparecer por ser menos eficaces para resolver los problemas actuales.

Por lo tanto, trataremos de responder lo mejor posible las siguientes preguntas: ¿en qué grado está desarrollada la civilización de estas sociedades? ¿Cómo está compuesta la naturaleza de sus relaciones sociales? ¿Cuáles son los conflictos que enfrentan estas sociedades y les obstaculizan seguir avanzando? ¿Cuáles son los eventos históricos que la llevaron a ser lo que son en este momento, y comprender cuál es el sentido general de esta sociedad hacia el futuro?

Cuando hacemos una reflexión acerca de la situación macroeconómica, habrá una gran cantidad de elementos a considerar, como el comportamiento del empleo, los índices de confianza y los índices de productividad general, pero particularmente se enfocará la atención en el estado actual de tres elementos que nos ayudan a comprender el costo de vivir y hacer negocios en una sociedad determinada. Las podemos agrupar para recordarlas fácilmente como "las 3-i del costo de vivir": la inflación del dinero, los intereses crediticios y los impuestos a favor del interés público.

2.3 Principio de la inflación del dinero

Como el dinero es un instrumento de "confianza inscrita", este permite una certeza determinada ante el riesgo de que una persona no cumpla con sus promesas en una transacción comercial.

Aunque el valor del dinero está respaldado por la confianza en la institución que lo emite, esta circunstancia no permanece estática, sino que se degrada porque estos sistemas son imperfectos y el mundo es cambiante. En otras palabras, el poder adquisitivo basado en el dinero se erosiona.

La inflación del dinero aumenta en general el costo de vivir en una sociedad conforme pasa el tiempo. Otra forma de decirlo es que la inflación es una condición dinámica en la que con la misma cantidad de monedas de $1 se pueden obtener cada vez menos bienes y servicios. Quienes reciben el mayor impacto de los cambios inflacionarios son quienes tienen arreglos económicos de ingresos fijos.

La corrupción atenta contra la confianza en una sociedad y puede generar problemas inflacionarios. Por ejemplo, aunque la economía atraviese un período de bonanza, si la autoridad recolecta pocos impuestos, o si se desvía inmoralmente el dinero público, se creará un déficit fiscal mayor al esperado y, por tanto, la necesidad de contraer deuda pública, expandiendo la base monetaria del sistema de crédito.

De acuerdo con Philip Fisher, otra causa de déficit ocurre cuando una economía entra en un período recesivo. Los negocios se deprimen, por tanto, se recolectan pocos impuestos con la necesidad de incrementar la deuda pública. Si se emite una gran oferta de dinero, por una enorme expansión del crédito gracias a una baja tasa de interés, también puede generarse inflación.

Fisher sugiere que un aumento en el costo de hacer negocios deriva en un aumento en los costos de los consumidores. Esto puede ocurrir por incrementos en el precio de las materias primas, en el costo de los servicios, de los espacios inmobiliarios y, en menor medida, de un incremento salarial abrupto. Un incremento en las tasas de interés aumenta el costo del financiamiento de los negocios.

Los ritmos volátiles de inflación generan desajustes e incertidumbre y, dado que son generalizados, son inconvenientes para todos los participantes de una sociedad. Una alta inflación obliga a reducir las compras, deprimiendo la actividad económica. Mientras más inflación surja en tiempos de depresión, más prolongado será el sufrimiento y el hambre en una sociedad.

Un déficit público enorme produce más inflación. Mientras más presión enfrente un gobierno de llevar a cabo funciones que se desvíen de su mandato o sus capacidades, mayores desequilibrios habrá. Mayores injusticias vendrán acompañadas de inflación inevitable. El desequilibrio en la política fiscal que cause déficits públicos enormes provoca escenarios de fuerte inflación.

El costo de vida de alguien que nació en México en 1980 hasta 2018 aumentó en +161,881%, a una tasa de +383% promedio anual o una tasa de +2,867% promedio si se consideran bloques de diez años cada año. Mientras que, una persona que vivió en México de 1945 a 2018 experimentó un aumento en el costo de vida de +2'754,445%. Esto es un promedio anual de +377%. La inflación promedio por década calculada en este período es de +1,531%.

Estas cifras son tan grandes que pueden salirse de la comprensión. Cuando las personas experimentan estos efectos cotidianamente, la zozobra es enorme pues los precios se disparan casi diariamente y no hay certeza de que los salarios puedan cubrir las necesidades básicas de subsistencia. Los períodos más álgidos son mucho más dolorosos e intensos en la vida real de lo que se puede uno imaginar al revisar la cifra.

Los datos nos permiten apreciar que hay distintos ciclos económicos y ritmos de inflación. Por ejemplo, de 1981 a 1991 el costo de vida en México aumentó en 13,897%, mientras que de 2008 a 2018, aumentó +49% con una tasa anual promedio de +4%. De 2011 a 2016, una inflación promedio anual de +3.4% implica que, en cinco años, la economía de las personas se redujo severamente en 18%.

Un aumento en el costo de vivir en una sociedad impacta de forma generalizada. Afecta en la misma intensidad a la viuda más desprotegida como al inversor más sofisticado. Ante una percepción de fuertes inflaciones, ambos actuarán con más cautela. La viuda desprotegida, sin embargo, sufrirá mucho más por su situación precaria y tomará decisiones bajo mayor presión pues está en riesgo su vida.

Las familias cambiarán sus prioridades, su organización, su conformación, actividades y decisiones de consumo en función de la situación económica. Un inversor nervioso se apresurará a colocar su efectivo sin pensar adecuadamente y sin considerar que el ritmo de la degradación es lento en condiciones normales.

Si la corrupción aumenta, el costo general de vivir en una sociedad también lo hará, incluyendo el alza en materias primas. Si hay un comportamiento responsable y ético de las finanzas públicas, acompañado de innovación tecnológica, entonces se desarrollarán procesos productivos que abaraten los costos y controlen los efectos de la inflación.

El principio de la inflación del dinero consiste en que la confianza almacenada en los sistemas monetarios se degrada con el paso del tiempo por la entropía. Es por eso por lo que estos sistemas deben ser dinámicos y actualizarse constantemente. En este sentido, el dinero en efectivo se convierte en un instrumento mucho más poderoso por sus capacidades de uso e intercambio de valor, que por sus capacidades de almacén de valor económico.

2.4 Principio del interés crediticio

El principio del interés crediticio se basa en la creencia de que para un prestador es preferible la oportunidad de prestar un valor económico almacenado en el dinero para que otros lo conviertan en capital a cambio de un ingreso fijo o estable pactado.

Esto no significa que desaparezcan los riesgos de sufrir una pérdida, pues normalmente la parte prestadora no opina acerca de la mejor forma de maximizar el uso de los recursos prestados, incluso ante el colapso de la capacidad de pago del prestatario, el valor económico principal prestado podría desaparecer completamente.

Estos riesgos, así como la disponibilidad de otros prestatarios, la existencia de otros prestadores y la posibilidad de comerciar estas obligaciones futuras con otros, ayudan a definir el costo de los créditos en los negocios.

El costo de vivir en una sociedad influye directamente en el costo de los créditos y en consecuencia en el costo de crear la riqueza. Idealmente las ganancias por el ingreso recibido esperado deberían superar al ritmo de la inflación del dinero. Pero este no es siempre el caso.

La política monetaria del sistema global de bancos centrales incide en el costo de los créditos, y el resultado de su aplicación se cuantifica como una tasa de interés conocida como *tasa de referencia*. Los cambios en las tasas de interés de referencia afectan el sentido de las decisiones generales de colocación de capital de la comunidad financiera.

Si la tasa se eleva como una estrategia de manera reiterada, esto sugiere que se aplica una política monetaria restrictiva, el costo del dinero aumenta y hay menos apetito por pedir créditos, incluso hasta frenar los proyectos productivos. Si la tasa disminuye de forma sistemática, se habla de una política monetaria expansiva, ya que aumentará el apetito por pedir dinero prestado para colocarlo en aventuras de capital o bienes, lo que afecta la actividad económica.

Si los cambios en las tasas son abruptos, podrían crear choques financieros en la economía. Durante algunas etapas la brecha entre la inflación y la tasa de interés es muy amplia y otras veces es muy estrecha. Mientras el costo de la vida en períodos normales aumenta de forma progresiva a un ritmo relativamente lento, la variación del costo del dinero es mucho más volátil con un ritmo de cambio distinto.

Aumentar el costo de los créditos trae como consecuencia un incremento en las ganancias de quienes prestan el dinero. Hay quienes piensan que aumentando el costo del dinero se puede frenar el ritmo de la inflación. Pero este no es siempre el caso, pues los créditos tienen dos grandes direcciones: a los negocios y al consumo.

Cuando el crédito se dirige a los algoritmos de negocios, es utilizado para aumentar la capacidad de crecer y producir. Un aumento en la tasa de interés puede ser absorbido por el crecimiento en márgenes de ganancia.

Cuando el crédito se dirige a los consumidores, estos aumentarán su capacidad de consumo actual. Si las tasas de interés aumentan, se reduce el poder adquisitivo del futuro, lo que se traduce en una forma de inflación.

Las guías generales para comprender el comportamiento de las tasas de interés estarán en el estudio del comportamiento de la inflación; la tasa de interés, en la que los bancos se prestan entre sí y, finalmente, la tasa a la que los buenos negocios aceptan los créditos.

Si las tasas de interés son elevadas, el trabajo de colocación de capital deberá hacerse con estándares elevados, puesto que algunos prospectos de negocio dejarán de ser económicamente rentables y los factores de rendimiento se reducirán.

Con tasas al alza, simplemente se debe ser más estricto en la calidad de los prospectos donde se coloca capital; y reducir esta restricción si las tasas comienzan a observar un comportamiento a la baja pues habrá nuevos proyectos futuros que comiencen a vislumbrarse como rentables.

2.5 Principio de los impuestos por el interés público

El principio de contribuir con impuestos a favor del interés público se basa en que todas las personas vivimos en sociedad que requiere de organización, administración de justicia y orden en búsqueda de valores públicos. Bajo este principio, es importante que todos colaboremos, en la medida de nuestras capacidades, con sus costos ineludibles para garantizar que las condiciones favorables de una vida civil digna se extiendan y se amplíen.

Es por eso por lo que el gobierno tomará decisiones de recaudación de ingresos, para llevar a cabo sus operaciones, garantizar la certidumbre de su existencia y lograr ciertos objetivos como la paz y el orden.

El costo de organización de una sociedad incide en el costo de hacer de negocios, y en el costo general de vivir. Por ello, las decisiones del poder político instrumentado en el gobierno invariablemente impactarán la configuración de los algoritmos de negocios.

Según Philip Fisher, una de las fuentes de ingresos de un gobierno es cobrar un impuesto sobre el ingreso, que es una porción de la rentabilidad que los negocios captan de la sociedad donde operan, por solucionar problemas.

Si el ingreso público depende en gran medida de este impuesto sobre la renta, aumenta la vulnerabilidad de los ingresos públicos, pues una caída en la actividad de los negocios causará un fuerte desequilibrio en los impuestos captados, impactando la capacidad de distribución el gasto público.

Un incremento en las tasas de impuestos reduce la cantidad de dividendos y flujos esperados de una actividad económica y también reduce la capacidad de capitalizar los algoritmos de negocios, por lo que dichos sistemas podrían expandirse a tasas más reducidas. Esto, a cambio de aumentar la capacidad de un gobierno para que pueda alcanzar sus objetivos políticos y sociales, o pueda buscar y desarrollar valores que están fuera del alcance del campo económico.

La constitución de las sociedades modernas incluye el deseo de garantizar que avance la vida de todos sus habitantes, lo que genera derechos y obligaciones en la organización del poder político. Esto implica que las instituciones de los gobiernos constantemente tengan presión política de distintos sectores sociales para que sus demandas sean atendidas y sus derechos respetados, impactando directamente las decisiones de política fiscal.

Si la tendencia de la sociedad es unánime en exigir que el gobierno mantenga una prosperidad infinita, habrá presiones en aumentar la brecha en el déficit público. Se requerirá aumentar la deuda pública, lo que conlleva a la necesidad de poner más dinero en circulación provocando inflación y en consecuencia la pérdida del poder adquisitivo de la población. Esta presión social se amplía si los tiempos económicos son más complicados de lo normal, por ejemplo, por la necesidad de los seguros de desempleo y otro tipo de ayudas sociales.

Si los ingresos públicos están diversificados, los presupuestos estarán cubiertos contra fluctuaciones violentas de los cambios económicos.

Si la sociedad permite que se instale un gobierno corrupto, este destruirá sistemáticamente la confianza de los ciudadanos y los desalentará para contribuir con impuestos iniciando un proceso de degradación de los sistemas gracias a la multiplicación de los conflictos políticos.

Los conflictos políticos aumentan la percepción y las decisiones de consumo y colocación de capital. La existencia de noticias o rumores de eventos de conflictos relevantes genera especulación y volatilidad. Esto pudiera distorsionar la manera como interpretamos los factores económicos.

Nuestras ideas políticas están condicionadas a la manera como vemos el mundo. A cómo y dónde fuimos criados, a nuestros lazos sociales o familiares, a nuestras experiencias emocionales y hasta a nuestras creencias espirituales.

Una visión partidista podría representar un sesgo cognitivo en el momento de analizar la situación macroeconómica. Los tiempos electorales en el dominio de lo político suelen causar revuelo en las decisiones de colocación de capital y en los mercados de consumo debido a los prejuicios naturales, si gana o pierde alguien con simpatías de los participantes de los mercados.

En la práctica, es importante distinguir los actos y pronunciamientos de campañas, cuando se busca apoyar a un partido a través de promesas de favorecer el desempeño económico a costo de las tesorerías públicas. Como se está en campaña, estas expresiones tienden a dramatizarse; pero cuando los partidos llegan al gobierno, sus acciones se moderan a favor del beneficio público, atendiendo a todos los sectores y no únicamente a los simpatizantes que los llevaron al poder.

2.6 Principio del sistema financiero

Como las sociedades establecen sus propias reglas de convivencia, de estas se conforma su cultura y su organización para satisfacer sus necesidades económicas. Estas acciones se complejizan a medida que aparece la especialización del trabajo, el desarrollo tecnológico, la convivencia social y la aparición de un mercado comercial, por tanto, la necesidad del dinero con sus alcances y deficiencias inherentes.

Como el dinero es "confianza inscrita", la percepción general de personas e instituciones de otros países respecto al poderío político y económico de una sociedad es una de las principales explicaciones de la demanda de una divisa determinada. Con el desarrollo de los sistemas computacionales, de comunicaciones y de transporte, las sociedades interactúan entre sí a pesar de las distancias geográficas. Este es el principio del sistema monetario global.

A lo largo de la Historia, se han planteado modelos distintos para manejar estas situaciones complejas, desde el uso de una medida estándar de valor último del dinero como los metales preciosos hasta nuestros tiempos en el que funciona el sistema de Bretton Woods que fue diseñado e ideado durante el ocaso de la Segunda Guerra Mundial, cuya finalidad es procurar la estabilidad al mismo tiempo de facilitar el crecimiento de las economías involucradas en dicho sistema.

Estos sistemas no son una receta estática, más bien son flexibles y adaptables, pues mientras más compleja sea una economía, más complejo, amplio y profundo debe ser el entramado del sistema financiero que lo soporta para facilitar la producción y distribución de los algoritmos de negocio que operan en ella.

Los sistemas financieros actualmente están interconectados, operan en niveles globales, nacionales, en corporaciones de todo tipo de escalas y sirven a personas de casi todos los sectores sociales. Su configuración está determinada por las instituciones que la conforman y las leyes que la regulan.

Entre estas instituciones financieras se encuentran aquellas que proveen seguros ante los riesgos, los sistemas de pensión, las instituciones crediticias tanto bancarias como no bancarias, y los mercados de instrumentos financieros, así como los de sistemas de pago que permiten los flujos de transacciones financieras. Además, a nivel global, el entramado financiero cuenta con un marco regulatorio que permite recibir ahorros nacionales y establecer relaciones financieras crediticias con Estados y naciones enteras.

Desde la década de 1980, la mayoría de los sistemas monetarios occidentales abandonaron los sistemas de tipo de cambio fijo, removieron los límites en las tasas de interés y terminaron la intervención de los gobiernos en las autorizaciones de crédito, desregularon los mercados de valores y, en general, desmantelaron las barreras al flujo de capitales internacionales, de acuerdo con Christophe Schinckus.

El crecimiento del poder computacional, combinado con las reducciones en las regulaciones financieras, permite el desarrollo de mercados financieros masivos, concentrados y sofisticados con un alcance global, creando disparidades entre el capital disponible en búsqueda de retornos que los proyectos productivos de la economía real no generan naturalmente.

El dinamismo del sistema financiero es determinado por la naturaleza del gasto público ejercida, por una parte, por el poder político mediante la política fiscal, y luego por las consideraciones de política monetaria implementadas por los organismos de bancos centrales cuya función es definir la cantidad de dinero que hay en circulación y su costo.

También influirá el grado de participación y la naturaleza del modelo de negocio de los bancos comerciales (incluyendo los internacionales), pues además de garantizar la formalidad de los sistemas de pago, ahorro y crédito en el mercado, prestan distintos tipos opciones crediticias y presentan una oferta de instrumentos financieros para sus clientes. En este arreglo también participan las instituciones no bancarias y el desarrollo de los mercados de instrumentos financieros, como el mercado de valores o los mercados de materias primas y derivados.

La configuración del sistema financiero considerando estas variables, definirá en gran medida los alcances y limitaciones que este proveerá a la sociedad en cuanto al manejo de riesgos e incertidumbres ante los choques monetarios y, por lo tanto, se convierte en una restricción para el desarrollo económico.

Si los mercados financieros no están muy desarrollados, las empresas dependerán de los canales bancarios para ampliarse. Además, la economía será afectada de manera más directa por los cambios en la política monetaria de los bancos centrales. Una precariedad en el desarrollo de mercados financieros hace que los modelos de negocios de los bancos se centren en los créditos, y limita la disponibilidad de opciones más sofisticadas para la protección o cobertura de riesgos de la población.

Ante un sistema financiero poco sólido, el capital será escaso, y las personas preferirán guardar sus valores fuera del sistema bancario. Los créditos para la producción serán limitados, y como las empresas pequeñas y medianas no cuentan con suficientes colaterales, se presumirá que son menos capaces de pagar sus préstamos, limitando la capacidad de crecer de la industria únicamente a grupos más grandes.

2.7 Principio del comercio internacional

Todos los seres humanos queremos vivir una vida con la mayor dignidad posible, y deseablemente con los menores obstáculos a pesar de la entropía.

El costo de vivir y de hacer negocios en una sociedad definirá el costo del trabajo humano que impacta en gran medida en el precio de los bienes y servicios. Este es un factor económico comparativo entre distintos países y sociedades.

El uso de creatividad tecnológica permite mayor productividad, lo que aumenta la posibilidad de incrementar los márgenes de ganancia. Al mismo tiempo, ya que la creatividad aumenta la calidad de los productos y servicios, esto permite precios más elevados en algunas ocasiones.

A su vez, si la creatividad exige más trabajo especializado y menos trabajo simple en la producción de servicios y productos, puede ser una justificación para el aumento de salarios en una región comparada con otra.

Pero todos los seres humanos somos inteligentes y creativos, y lo que en apariencia puede ser una superioridad tecnológica, también puede aprenderse, importarse o imitarse en otras partes del mundo, convirtiendo estas ventajas en temporales.

La disponibilidad geográfica de las materias primas y un marco legal, político y social que facilite su extracción, impacta directamente en el costo de estas, que son otro elemento central en el precio de los productos y servicios.

Estas son consideraciones de un mercado para permitir la entrada de productos de otros países. La existencia de bajos costos de importación, la vocación comercial de un país para atender clientes en naciones distintas, así como los costos comparativos son temas de interés para la comprensión del ecosistema de negocios a examinar.

En este rubro será importante comprender la naturaleza de las diferencias socioculturales como distancias legales o de lenguaje, la apertura a los flujos de inversión extranjera, la propensión de flujos de capital nacional hacia el exterior, así como la existencia de cadenas de suministro globales

2.8 Principio de la industria

Buscaremos comprender los factores del entorno en el que opera el negocio y que limiten o propicien su crecimiento. Este análisis tiene limitaciones y puede resultar muy exhaustivo, pero si está bien ejecutado nos permitirá conocer lineamientos generales del trasfondo industrial donde se pretende colocar el capital.

El principio del análisis de la industria consiste en comprender la naturaleza del problema general que se resuelve, su complejidad, si este cambia o evoluciona constantemente, y si tiene propiedades o características que propician el interés económico.

La naturaleza del problema ayuda a comprender el tamaño de la oportunidad, la intensidad, las características del tipo de soluciones que se demandan y su estacionalidad, y cuántos años se estima que la industria tome para saciar dicha oportunidad.

Así se determina, por ejemplo, qué tipo de énfasis se requiere para seguir participando en una industria. Por ejemplo, si la industria es intensiva en el uso de capital mientras que su crecimiento está limitado; si la industria está sujeta a cambios tecnológicos que requieran investigación y desarrollo complejo, así como mucha paciencia; si el prestigio y confiabilidad son elementos clave que dependen de la excelencia en el servicio o de una percepción de estar en la vanguardia tecnológica; o qué tipo de información debe proporcionarse para sostener la entrega constante de la solución.

El primer lugar, para comprender cuál es el mejor el modelo de negocio que opera en una industria, examinaremos el desempeño de los algoritmos de negocio que lideran la industria, y a aquellos que crecen a ritmos mucho más acelerados que el promedio.

Este análisis permitirá distinguir la situación y causas por las que los negocios mediocres tienen un desempeño pobre, y así aumentar la comprensión de lo que pasaría en la industria si se entra en períodos recesivos o de depresión.

Se recomienda prestar atención específica a comprender el ingenio y la complejidad del proceso de distribución de soluciones propuestas por la industria, qué tan fácil o cómodo resulta para el usuario cambiar el uso de una solución respecto a otra y qué tan sencillo es para los competidores copiar las tecnologías desarrolladas entre sí.

También será importante revisar si la industria es susceptible de destruirse por la creación de nuevas tecnologías, por cambios en las leyes, por los efectos de la globalización o por modificaciones en las condiciones de las cadenas de suministro.

2.9 Principio para la búsqueda de oportunidades

El principio para buscar oportunidades o prospectos para la colocación de capital consiste en aprender a distinguir lo que está conforme a lo que buscamos y conocemos, es decir "lo bueno", y separarlo de aquello que no es conveniente, por lo que es necesario establecer un objetivo o propósito de lo que se quiere lograr.

Encontraremos una situación abrumadora en la que existe un espectro amplio con información prácticamente ilimitada y, al mismo tiempo, nuestros recursos serán ínfimos en comparación de las oportunidades aparentes. Por lo tanto, el compromiso de actuar con responsabilidad aumenta desde el inicio.

Toda vez que se comprende esto, es necesario establecer actividades y tareas dedicando tiempo y estudio de información disponible, para cultivar la capacidad de análisis y de descripción de la realidad, pues para encontrar oportunidades hay que buscarlas, y esto requiere trabajo duro.

Una de las mejores maneras de comenzar esta tarea es tratar de aprender de mejores inversores que nosotros. Otra forma es entablar relaciones con grupos de personas de negocios y especialistas en campos profesionales determinados que pueden hacer comentarios serios acerca de las nuevas tecnologías o tendencias en sus industrias en particular. Habrá muchas publicaciones independientes informativas y *rankings* que permitan identificar organizaciones líderes en las áreas funcionales que consideremos relevantes.

Será importante la comprensión general del entorno que impacta nuestro alcance. Es decir, las características del mercado, de la industria, de la empresa y los términos específicos de la operación que realizaremos.

Si los valores que adquiriremos pertenecen a empresas bursátiles, se puede acceder de forma púbica a los reportes anuales, trimestrales, discusiones de la gerencia y reportes de las autoridades.

Hay que considerar que las oportunidades muchas veces se encuentran en los lugares más insospechados, pues si fueran evidentes para todas las personas, dejarían de ser oportunidades rápidamente, pues habrá personas con más recursos, más tecnología y más inteligentes que nosotros. Donde muchos buscan, habrá menos oportunidades. En este proceso es donde la curiosidad puede jugar un papel relevante para el éxito en la búsqueda.

La naturaleza de las oportunidades es que muchas veces se encuentran secretas y ocultas a la vista de la mayoría de las personas. Por eso se requiere una enorme fuerza de voluntad, pues se trata de un trabajo muy solitario en el que muy pocos compartirán nuestra visión. Y al mismo tiempo, siempre existe la posibilidad de que estemos equivocados en nuestras apreciaciones.

Si la mayoría de las personas de una sociedad piensa que el futuro ya no puede ser mejor que el presente, y que ya no hay más problemas por resolver, estarán muy cómodas con la manera como viven y dejarán de ser creativos. Se preocuparán más por chismes, y pensarán que ya no hay secretos por descubrir.

Esta situación aumentará la posibilidad de que se desarrollen más secretos y oportunidades. Mas no significa que estas vayan a ser tomadas o aprovechadas. Al mismo tiempo, con el cambio de las condiciones económicas o de las relaciones sociales o de poder, las oportunidades pueden cerrarse o modificar su disponibilidad.

2.10 Principio de los valores empresariales

Un buen valor empresarial depende de un algoritmo de negocios que resuelve problemas sociales, creciendo en alcance y responsabilidades hasta lograr su máxima dignidad. Si porciones de estos negocios son susceptibles de adquisición, se convertirán en buenos objetivos de colocación de capital a los precios adecuados.

Como sus características son escasas y difíciles de encontrar, a medida que estos negocios inusuales se desarrollan para tomar el liderazgo tecnológico de sus sectores, dejarán de ser oportunidades, pues muchos inversores buscarán participar de estos negocios.

Los principios de estas empresas se basan en la creatividad, una ejecución con mayordomía y una capacidad formidable para adaptarse a los cambios de la demanda. Son algoritmos de creación de valor constante con planes para resolver problemas en el futuro de diferentes estilos y características.

Es muy importante distinguir que estos algoritmos estarán en distintas etapas de desarrollo. El tamaño y tiempo de operación de los negocios ayudará a determinar situaciones de dominio en el mercado donde participan.

Además, hay que actuar con cuidado al momento de analizar su situación competitiva, pues que lo que en apariencia es un buen prospecto de crecimiento por una excelente ejecución en la gestión de relaciones con inversores, en la realidad podría no serlo con la entrada de nuevos competidores en el sector.

Charlie Munger propone tres lecciones: 1. que un gran negocio a un precio justo es superior a un negocio justo a un gran precio, 2. que un gran negocio a un precio justo es superior a un negocio justo a un gran precio y 3. que un gran negocio a un precio justo es superior a un negocio justo a un gran precio.

Los valores empresariales que más peligro representan son aquellos donde hay un gran entusiasmo por parte de la comunidad financiera, y cuyo precio está muy por encima de lo que justifica su situación financiera, y que además tienen negocios de calidad media o inferior.

2.11 Principio de mayordomía

Quizás la noción más importante en la actividad de colocación de capital se encuentra en el concepto de *mayordomía*. La definición está asociada a la responsabilidad de cuidar, nutrir y salvaguardar los valores de otros.

Existen muchas enseñanzas sobre el tema desde la Antigüedad que facilitan la comprensión de este principio. Mi favorita está en Mateo 25 y Lucas 19, que habla acerca de un inversor que coloca capital en tres prospectos distintos. A uno le da $5m, a otro $2m y a otro $1m, conforme a su capacidad de hacer negocios, y les explica que revisará su progreso en un largo plazo.

Luego de un tiempo, el inversor les manda a llamar. El primer prospectó se presentó con $50m, por lo que fue recompensado con honores y puesto a cargo de $100m. El segundo prospecto también mostró gran valor al presentarse con $10m, por lo que fue recompensado con honores y puesto a cargo de $50m.

Al llegar el tercer prospecto, este comenzó justificando su cobardía en la exigencia del inversor. Regresó el $1m intacto por temor al riesgo de perderlo. Como se ha explicado, el valor se degrada por el paso del tiempo. La decisión del inversor fue retirarle el capital, colocarlo en el primer prospecto, que ahora manejaría $101. Al final el prospecto que no generó valor fue removido del portafolio de inversiones.

La enseñanza termina con una sentencia: "al que tiene le será dado y tendrá más; y al que no tiene, aun lo que tiene le será quitado". Esta historia es tan sencilla que se enseña en las culturas occidentales a los niños desde muy pequeños en términos del cuidado de su vida y sus acciones, y todos la entendemos.

Esta historia, como inversores la podemos aplicar de manera muy clara, y el aprendizaje tiene muchas aristas. En este apartado centraremos el concepto de *mayordomía* respecto a los prospectos de colocación.

Philip Fisher recomienda tener paciencia para aprender de las personas que llevan a cabo la ejecución del algoritmo del negocio. Se debe tomar tiempo para aprender quiénes son en realidad y qué cosas los motivan. Si es posible, se debe analizar cómo piensan, cómo conciben el mundo y qué principios les rigen para la ejecución del algoritmo de negocios.

Como la mirada está hacia el futuro, se pone atención en la manera cómo prometen y, a la vez, en el modo que se han comportado y han dado resultados. Un buen mayordomo produce buenos resultados, un mal mayordomo, malos resultados.

Busquemos evidencias de ética, honestidad y oficio. En los estados financieros es posible analizar, en cuanto a resultados económicos, qué ha hecho la gerencia con el dinero en efectivo que llegó a sus manos para aumentar el valor del algoritmo de negocios, y en los planes del futuro se pueden encontrar lineamientos de qué harán con el dinero del futuro.

En general, preferimos examinar la información de los resultados de negocio que dejarnos llevar por la opinión del director general. Buscaremos indicios de si la gerencia está cometiendo artilugios contables o financieros (reservas financieras, depreciaciones o amortizaciones extrañas), o partidas inusuales que oculten lo que está pasando realmente en las operaciones y en el manejo de los activos.

En particular, buscaremos evidencias de que el capital de trabajo está manejándose en un sentido lógico, congruente con la realidad del mercado para maximizar la capacidad de generar poder adquisitivo. Luego examinaremos qué cosas hace la gerencia con ese poder adquisitivo.

Una posición financiera sólida no es suficiente para que un prospecto sea considerado como interesante, pero su ausencia podría arruinar la capacidad de crecer un sistema de negocios.

Hay que revisar detalles de cómo son compensados los directivos, qué porciones del negocio poseen actualmente y si cuentan con instrumentos financieros para hacerse o deshacerse del negocio que resulten ventajosos respecto a nuestra posición como copropietarios comunes. Las diferencias de compensaciones en la gerencia no deben ser amplias, y debe tenerse cuidado al examinar rastros de preferencias por asuntos familiares, pues los activos del negocio no son una posesión personal o familiar.

Cualquier gerencia puede contratar gente experta en utilizar tonos, formatos y lenguaje coloridos, pero debemos poner mayor atención si la empresa enfrenta problemas legales extraordinarios, el historial de pagos y cumplimiento de los compromisos, o si hay convenios con terceros donde existan conflictos de interés.

Warren Buffett al respecto ha comentado que "la honestidad es un regalo muy caro, no lo esperemos de gente barata". Ya que existen tantas opciones para colocar capital en el mercado, la ausencia de esta característica descarta cualquier oportunidad de negocios, pero la presencia de indicios de mayordomía puede ser suficiente para que un prospecto sea interesante.

El algoritmo de negocios debe actualizarse constantemente respecto a la realidad, para asegurar la solución de problemas actuales y futuros. Quien lidera estos esfuerzos deberá dedicarse a amplificar el alcance del algoritmo en el largo plazo, y rodearse de personas apasionadas y competentes que eviten las luchas burocráticas disfuncionales.

Esto es complejo, pues se requiere una gran fuerza de voluntad para empujar, combinar ideas originales y habilidades dentro del algoritmo de una forma constante. Igualmente importantes son la comprensión del funcionamiento del poder, la delegación de autoridad y la disciplina diaria, para prepararse al crecimiento organizacional.

Buscaremos un equipo de trabajo con personas creativas para avanzar el algoritmo de negocios, y en el que cualquier miembro pudiera convertirse en el director, así evitaremos gerentes débiles irreemplazables. Ante un cambio, el talento deberá contar con igual o más capacidad que el anterior en cuanto a sus estándares de desempeño.

Buscamos que los asuntos cotidianos se operen bajo premisas de primer orden, que la lógica para resolver problemas dentro de la organización esté basada en la mayor razón posible y con certeza, debido a que las personas somos falibles.

Buscaremos indicios de que las relaciones laborales dentro de la organización son de calidad, que las personas son tratadas con dignidad y respeto, y pueden desarrollar su capacidad en una atmósfera de confianza e ingenio, aunque exista presión por la responsabilidad.

Se eliminarán las facciones, los resentimientos y las actitudes de quienes no trabajen en equipo. Se debe poner atención si la empresa experimenta huelgas o por qué no las registran, y también si hay altos niveles de rotación laboral o si muchas personas quieren trabajar en estas empresas.

En general, preferimos a los "formadores de valor" creativos que a los "formadores de mercado". Preferimos a quienes asumen su responsabilidad y toman acciones inmediatas para remediar sus errores, que a quienes culpan a la economía, al gobierno o a los mercados. Preferimos a la gente sincera que acepta los tiempos difíciles que a las gerencias cobardes que tratan de esconder las malas noticias mediante engaños.

El escepticismo nos ayudará a prevenir nuestros actos contra el fraude. Los estados financieros son un lenguaje que debe ser claro para comprender la generación de valor del algoritmo y toda la información debe coincidir de manera clara.

No importa si la oportunidad de negocio es muy grande, o las ganancias prometidas son muy amplias, si no contamos con una mayordomía con estas características, será mejor retirar el capital y disponerlo con gente que sí aprecie y respete nuestra colocación.

La gestión responsable de las acciones inteligentes por medio de la conciencia para garantizar el avance de la vida es el mayor de los valores al que puede aspirar el ser humano. Esta es la mayordomía.

2.12 Principio de creatividad

Si la esencia de un negocio es la puesta en operación de un algoritmo para resolver problemas a cambio de una recompensa, la creatividad se vuelve el elemento para calibrar el algoritmo conforme avanza en su madurez, tanto para que el proceso de operación sea eficaz, como para que amplíe el espectro del alcance de las soluciones propuestas con el fin de escribir el futuro de un mundo mejor.

La creatividad no es gratuita y tampoco es evidente para todos. Además de determinación y habilidad, requiere recursos, tiempo, orden y disciplina. Debemos encontrar evidencias de que los esfuerzos de investigación y desarrollo del pasado han derivado en contribuciones actuales al algoritmo de negocios.

La complejidad tecnológica puede convertirse en dificultad para que otros competidores solucionen los mismos problemas. Esta proviene de interrelacionar habilidades desde varias disciplinas, y derivar en alternativas y variaciones de la oferta de la empresa para diferentes segmentos.

Una biblioteca amplia de aprendizajes permite desarrollar la capacidad de un equipo de trabajo efectivo y aumentar la conciencia durante la participación en el mercado, lo que aumentará la habilidad para incomodar a los competidores y sustitutos.

Aunque la tecnología es encontrar nuevas maneras de hacer las cosas, no es exclusiva del dominio de sectores de la computación o farmacéuticos, sino que puede darse en cualquier industria.

Desarrollar una nueva idea valiosa es costoso, y no todas las ideas nuevas son exitosas, buenas o económicamente rentables. Si cuesta mucho tiempo y recursos investigar algo, no hacerlo puede ser mucho más costoso.

Al igual que en los deportes, si una organización se hace de los servicios de una estrella, esta no logrará mucho si no es apoyada por la organización. Y de igual manera, preferiremos una galaxia de estrellas moderadamente capaces que a la dependencia en "genios" individuales.

Se buscan evidencias de volumen de desarrollo tecnológico. Procuraremos que la empresa cuente con un portafolio de propiedad intelectual rico, diverso y exclusivo. Esto también puede observarse analizando los cambios en los niveles de márgenes brutos y operativos, y si se están generando productos mejores y más baratos.

Desarrollo no es igual a crecimiento, por tanto, se deben encontrar evidencias para concluir si el algoritmo está cambiando, se desarrolla o se degrada, o simplemente está escalando en tamaño, lo que pudiera afectar el riesgo de un colapso mayúsculo.

La creatividad es puesta a prueba cuando se expone al fuego de la calamidad. Se buscarán evidencias cuantitativas que lleven a la conclusión de que el negocio puede pasar por momentos difíciles, saliendo mejor que como eran antes, comparando su desempeño con el competidor principal.

2.13 Principio de distribución

El economista del siglo XVIII Jean-Baptiste Say era defensor del valor subjetivo argumentando que las cosas materiales valían por la utilidad que nos dan, contrapuesto a quienes piensan que el valor de las cosas depende del trabajo invertido en ellas para transformarlas.

También en su obra *Ley de los mercados*, argumenta el principio de la "Ley de Say" donde explica que para que deseemos algo, al menos debe existir "otro algo" que nos dé la noción de su existencia, o en palabras textuales: "el simple hecho de la formación de un producto abre, desde ese preciso instante, un mercado a otros productos".

En un ejemplo de la vida real, es importante existir para hacer amigos, pero la mera existencia no es suficiente para garantizar buenas relaciones personales. Si lo que queremos es construir amistades, de poco servirá trabajar en el carácter, en nuestros objetivos e intenciones si permanecemos aislados.

Es necesario salir, relacionarnos, interactuar y darnos a conocer a los demás para construir de forma cotidiana las relaciones de confianza que queremos cultivar. En este sentido, el cuidado de la reputación y el respeto a cumplir con nuestra propia palabra pueden ser de mucha utilidad para el avance de nuestra vida personal.

Lo mismo sucede con los algoritmos de negocios. El principio de la distribución tiene qué ver con los procesos de globalización, para escalar el alcance de las soluciones propuestas por el algoritmo de negocios. Se genera poco valor si se desarrolla una buena solución a un problema común, si esta no se socializa para hacer llegar la solución a quien la necesita.

Por otro lado, este aspecto cobra relevancia entre las compañías que llevan a cabo esta labor muy bien, pues la opinión generalizada que tiene el mercado acerca de una solución puede garantizar confianza o, aumentarla por encima de otros competidores, y facilitar el desarrollo de nuevas iniciativas.

Una mala interpretación de la "Ley de Say" es que "toda oferta crea su propia demanda". Esto es un error. De acuerdo con Peter Thiel, no existen productos que se distribuyan solos, y ningún producto es generalizado por accidente.

Buscaremos algoritmos de negocios en los cuales sus operadores realicen un gran esfuerzo mental para poner en marcha planes y proyectos concretos para distribuir sus soluciones propuestas de acuerdo con los deseos de los usuarios de dichas propuestas. La ejecución del servicio debería ser eficiente, y la experiencia de recibir una solución confiable puede aumentar la credibilidad considerablemente para resolver otros problemas en el futuro.

La capacidad del sistema para entregar la solución debe poder escalarse para ayudar a más personas con sus problemas o variaciones de estos. A medida que se comprendan mejor estos problemas, será más fácil entender su complejidad y evolución para desarrollar nuevas soluciones y hacerlas llegar de manera eficaz.

El algoritmo de negocios a su vez es provisto de recursos, o provee recursos para otros algoritmos, convirtiendo esto en una cadena compleja de soluciones. Por tanto, la calidad y costo de los insumos impactará en la calidad y precio de los resultados, y una buena integración de estas configuraciones derivaría en ventajas respecto a otros competidores.

Este principio parte de una comprensión clara de los problemas a solucionar, y que se sabe lo que hay que hacer para solucionarlo a una escala cada vez mayor. La configuración para distribuir la solución deberá estar consciente y bien entrenada en estos aspectos para actuar eficazmente ante los obstáculos que se presentan en el mercado.

Habrá el principio de entropía, pues cada vez que se solucione un problema, surgirán nuevos problemas. Cada vez que un competidor o sustituto solucione el mismo problema, la industria cambiará creando desperdicios y fricciones con otros algoritmos, por lo que los esfuerzos del algoritmo deberán adaptarse a las nuevas realidades.

Así, buscaremos negocios cuyos algoritmos los lleven a producir de la manera más eficaz en el mercado, consumiendo el mínimo de recursos para entregar la mejor calidad a buenos precios que permitan ganancias suficientes para reinvertirse en la expansión del algoritmo.

Evitaremos empresas que produzcan marginalmente por encima de sus puntos de equilibrio, pues en tiempos de dificultad, ante mercados deprimidos, tendrán la menor capacidad para sobrevivir si cuentan con estructuras de financiamientos muy costosas. Será muy importante revisar la posibilidad de sustitución de un algoritmo de negocios, por parte de soluciones de bajo costo de países con mejores ventajas comparativas.

3 Principios de acto

Principios para actuar y no actuar
en el proceso de la colocación de capital

3.1 Principio de inversión

Contar con una política de inversión es fundamental para actuar dentro de un marco de referencia que permita minimizar los riesgos de sufrir pérdidas irreversibles, aumentar las posibilidades de obtener ganancias sostenibles, pero, sobre todo, que sirvan como guía para la conducta de la persona que coloca capital.

No se trata de mandamientos sagrados o escritos en piedra; sin embargo, es importante enfatizar que tienen más relevancia los actos de colocación de capital que las técnicas de análisis de valores empresariales.

Siguiendo la definición de Benjamin Graham, decimos que *inversión* es un acto inteligente de colocación de capital en el que existe una seguridad relativa de conservar dicho capital, esperando un retorno racional. Si no existen estas tres condiciones, estaremos hablando de una *especulación*.

En consecuencia, mientras más ignoramos, más especulamos y más riesgos tomamos. Como el futuro es impredecible y existe la entropía, nada es absolutamente seguro, por lo que existe el riesgo de la adversidad que puede mantenerse por un tiempo determinado.

Otro corolario de la definición de Graham es que cualquier activo puede ser una buena inversión si se compra a un precio lo suficientemente bajo, y se está preparado lo suficiente para que el tiempo de adversidad que causó esta caída en los precios se supere.

El argumento principal de la especulación se basa en que, si algo está de moda, puede comprarse con el propósito de obtener una ganancia financiera, siempre que uno no sea el último en adquirirlo. La emoción que impulsa esta manera de actuar es la alegría de encontrar una oportunidad, combinada con el miedo de perderla.

La especulación también ocurre cuando tenemos demasiadas expectativas de la capacidad de algo en convertirse en una realidad. Esto provoca incluso que estemos dispuestos a pagar demasiado por ese algo, a pesar de que hay un riesgo considerable de una pérdida.

Una actitud inapropiada, como no saber lo que se está haciendo, puede convertir una inversión en una especulación. Estas actitudes aumentan, por ejemplo, cuando se aseguran ganancias debido a ventajas especulativas aleatorias en condiciones de mercado favorables. Resultará muy difícil determinar si el operador contribuyó positiva o negativamente en el acto, y aumentará la propensión de cometer errores en el futuro.

Esto significa que a veces podríamos estar especulando, cuando creemos que estamos invirtiendo.

3.2 Principio del enfoque de inversión

Existen dos grandes escuelas o enfoques para generar riqueza en esta disciplina.

La primera consiste en considerar la existencia de los ciclos de negocio basada en un método de exclusión, comprando valores empresariales que cuantitativamente demuestren que sostendrán su valor de $1.00, a precios bajos de $0.50 en tiempos de depresión, y vendiéndolos a precios altos de $1.50 en tiempos de bonanza. La debilidad de este enfoque es que las diferencias entre los eventos de compra de $0.50 a la venta de $1.50 puede tomar demasiado tiempo en realizarse para considerarse una oportunidad rentable.

Esta estrategia se basa en que el futuro es incierto y que, de acuerdo con los resultados demostrados, se debe enfatizar en la protección para que el capital se encuentre lo más seguro posible ante los vaivenes de los mercados.

El segundo enfoque pone atención en empresas de crecimiento agresivo, prometedor y volátil. Se trata de encontrar algoritmos de negocio con crecimiento inusual, más no como limitación, y que de preferencia aún no hayan sido descubiertas por la comunidad financiera, sostenidas en promesas de alcanzar un tamaño dominante en los mercados que participan en el futuro. El objetivo de este enfoque es entrar lo suficientemente temprano en buenos negocios a $1, y nunca vender la posición, pues se entiende que el crecimiento de estos sistemas es mucho mayor que el de la inflación. La debilidad de este enfoque es que los negocios sobresalientes son fáciles de distinguir entre los mediocres, por lo que ya se encuentran en precios lo suficientemente elevados para impedir una ganancia en el largo plazo, y que la volatilidad de su crecimiento, su insostenibilidad o los problemas de materialización de los prospectos podrían representar un riesgo de pérdida de difícil recuperación.

Esta estrategia pone énfasis en la predicción de que los fundamentales demuestran que el algoritmo de negocios tiene la capacidad de superar las adversidades del futuro mediante un crecimiento sostenido.

Existen múltiples variantes de estas escuelas. Por ejemplo, entrar muy temprano en algoritmos de negocios con prospectos y ejecución sobresalientes, en grupos muy pequeños de personas que desarrollen la capacidad de atender a millones mediante la tecnología, es una de las escuelas que guían la actuación de los fondos de capital de aventura, utilizando la escuela de pensamiento de Peter Thiel, esto es, buscar los llamados "unicornios"

Por otra parte, una de mis guías por sus resultados sostenidos y palpables es Berkshire Hathaway, comandada por Warren Buffett, ellos combinan el margen de seguridad propuesto por Benjamin Graham, buscando empresas de tamaño considerable con salud financiera robusta y gerencias éticas, con las consideraciones de crecimiento agresivo en negocios con ventaja competitiva de fácil comprensión.

3.3 Principio del mercado

El término *precio* proviene del latín *pretium* que significa premio o valor, y a su vez proviene de la raíz indoeuropea **per-*, vender. Por otra parte, la palabra *prejuicio* proviene del latín *praeiudicium*, es decir, un juicio o dicho previo. Pienso que ambas suenan parecido y comparten en el fondo el mismo significado: es la opinión o dicho de alguien en cuanto a lo que, su juicio, puede venderse algo.

La naturaleza subjetiva de las opiniones colectivas es que suelen acercarse a la realidad, pero siempre están sujetas a ser imprecisas. Una manera de descubrir si estas se acercan a la realidad o no, es distinguir si las premisas o factores utilizados para formar estas opiniones se apegan a lo que sucede. Si aprendemos esta capacidad, tendremos un marco sólido para enfrentar las fluctuaciones de los precios de las cosas.

Para Philip Fisher, el precio de una acción se compone de qué tan atractivas son las acciones en general para la comunidad como instrumento de inversión, qué tan interesante es la industria en donde participa el prospecto y, finalmente, en lo que se cree que pueda convertirse el prospecto.

Cuando Benjamin Graham explica de manera brillante y magistral al personaje del "señor Mercado" hay muy pocas cosas qué añadir al respecto. Nos lo podemos imaginar de muchas formas. En la cultura popular podría ser una bestia como Gollum de Tolkien, como una inteligencia compleja como Skynet en *Terminator* o como la Matrix.

En ninguno de los casos deberíamos subestimar la capacidad de inteligencia del colectivo de los seres humanos o pensar que nosotros seamos intelectualmente superiores por el simple hecho de reconocer su existencia. Todo lo contrario, se trata de una máquina lógica de decisiones colectivas compuesta por millones de personas inteligentes, que ofrece una opinión generalizada constante del valor subjetivo de las cosas. La mayoría de las veces tendrá una opinión razonable y muy precisa de lo que ocurre, y en algunas pocas ocasiones su opinión nos parecerá una locura.

Tomando el ejemplo de Gollum, una ventana de oportunidad con el señor Mercado se abre en el carácter falible y emocional de esos millones de personas actuando en colectivo. Si un prejuicio generalizado nublara la capacidad crítica del colectivo, se crearán oportunidades de disparidad, que rápidamente serán corregidas cuando el prejuicio se disipe y la colectividad vuelva a entrar en razón.

Como existen pocas oportunidades valiosas, el miedo a perder una hará que una persona felizmente se entusiasme y esté dispuesta a pagar más de lo que en realidad es capaz de entregar el operador del algoritmo. Cuando esta realidad se manifiesta en tiempos de incertidumbre, esta misma persona deseará deshacerse de estos valores a un precio mucho menor del que en realidad se entrega en los resultados.

Cuando la comunidad deja de prestar atención en la creación real de valor y se enfoca en hablar chismes, modelos para predecir el futuro, interpretaciones de noticias y miedos injustificados, se crea una atmósfera enrarecida e ilógica, florece la especulación masiva y la exageración. Esto tiene el potencial de destruir la fortuna de quienes actúen conforme a la locura.

En este sentido, el mercado no es un enemigo ni un adversario al que debamos intentar convencer de su error, simplemente es una herramienta que puede beneficiarnos. Podemos ignorar sus prejuicios si no estamos de acuerdo con ellos, o estar de acuerdo con ellos en el precio que nos ofrecen si este nos permite acceder a los negocios que buscamos. El consejo general es que seamos lo suficientemente disciplinado para no aceptar que se imponga el prejuicio generalizado sobre el uso de nuestra razón.

El entusiasmo exagerado del señor Mercado puede ocurrir, por ejemplo, si un negocio crece de manera acelerada, si los indicadores macroeconómicos indican vientos favorables o si existe un exceso de dinero por tasas de crédito bajas. Más indicios se encuentran si muchos algoritmos de negocios comienzan a ofertar participaciones en sus prospectos de desarrollo a cambio de capital.

Si esto se prolonga, habrá más apetito por proyectos riesgosos, sacrificando la calidad de los prospectos, erosionando la capacidad crítica de la comunidad, creando momentos de sensación de bonanza, al grado que las personas olvidarían que existe la entropía y los tiempos adversos, y estas ideas se convierten en nociones absurdas.

Un especulador pensaría que es un gran inversor en tiempos de bonanza cuando los precios de todas las cosas suben de manera prolongada. Recordemos el viejo refrán "en marea alta, cualquier pedazo de madera flota".

De acuerdo con Peter Thiel, estos momentos de manía irracional son oportunidades invaluables y únicas para que buenos algoritmos con fuertes prospectos reales se capitalicen y obtengan financiamientos que de otra forma jamás obtendrían para completar su escalación. Otra ventaja de estos momentos es que nos permiten vislumbrar escenarios de cómo se verá el futuro, aunque no sea factible ni racional desarrollar esa tecnología en lo inmediato. Estos prospectos deben examinarse con mucha cautela.

De igual manera, cuando los vientos favorables cambian de dirección, puede llegar un pesimismo abrumador y un nihilismo que lleve al colectivo de quienes participan en el mercado a perder toda esperanza de que el futuro puede ser mejor. Habrá muchísima gente que ante la locura de ganancias exorbitantes sin esfuerzo lo pierda todo al asumir riesgos irracionales, y muchos de ellos no querrán saber nada de este tipo de valores por mucho tiempo. En estos momentos de desencanto masivo es cuando se pueden encontrar oportunidades atractivas de inversión a precios mejores que los razonables.

Cuando planteo que el señor Mercado ha desarrollado capacidades como las de Skynet, me refiero a la impresionante capacidad de cómputo que se ha desarrollado en esta disciplina para aprovechar las anomalías de los mercados y no a la amenaza de que su inteligencia artificial pudiera tomar el control de estos sistemas.

Actualmente se han desarrollado algoritmos para aprovechar las oportunidades de arbitraje que representan las diferencias en los precios de distintos mercados. Mediante parámetros determinados por humanos, estos "robots" actúan inmediatamente cuando los precios alcanzan ciertos niveles para evitar pérdidas y realizar ganancias, siempre que se cumplan condiciones; utilizan bases de datos muy complejas y análisis estadísticos que superan por mucho la capacidad de un ser humano medianamente inteligente, con la finalidad de simplificar la toma de decisiones y reducir el riesgo de cometer equivocaciones en la colocación de capital.

Por supuesto, estos algoritmos no están limitados a filosofías de especulación de corto plazo. Su aplicación más simple se encuentra en los fondos de inversión que emulan la selección de listados de empresas como el Dow Jones o el Standard & Poor's 500, pero existen infinidad de opciones y fondos que ofrecen fórmulas diversas basadas en infinidad de combinaciones de premisas con buenos resultados.

En la historia de ciencia ficción, en algún momento Skynet llega a la perfección de sí misma mediante la inteligencia artificial y adquiere autoconciencia, concluye que el mundo sería mejor sin seres humanos quienes intentarían destruirlo o desactivarlo, y que la mejor forma de salvaguardar la vida es que su hegemonía prive para evitar cualquier amenaza doméstica o extraña.

La falibilidad de estos sistemas radica en que en principio sus parámetros son configurados por seres humanos falibles con posiciones determinadas frente al riesgo y la recompensa. Por otro lado, estas tecnologías se concentran, por lo general, en aprovechar condiciones del mercado en el corto plazo; mientras que si están configuradas para el largo plazo, no suelen ser muy distintas al seguimiento de los principios que se sugieren en este trabajo. Es difícil anticipar si esta situación pueda prolongarse con el paso del tiempo

Por otra parte, no veo probable una situación en la que las personas dejen de participar en los mercados, que estos desaparezcan al menos durante este siglo, y que la participación de estos sistemas de inteligencia artificial como aliado inseparable, definitivamente impacte en el comportamiento del señor Mercado.

Finalmente, cuando uso la alegoría de la Matrix me quiero referir a la extensión y dominio en el sistema financiero, capaz de formar una nueva realidad a la que el inversor por sí mismo le costará trabajo distinguir.

En el mercado encontraremos participantes "institucionales" con inmensas cantidades de capital acumulado de distintas maneras, presente en casi todos los dominios y que tienen el mandato de colocarlo con la mayor eficacia posible en beneficio de quienes les han confiado dicho capital. Entre ellos se encuentran los fondos de pensiones, las aseguradoras, las instituciones de caridad, los fideicomisos, las empresas manejadoras de activos y los fondos de cobertura.

Se trata de movimientos de capital muy grandes por lo que se perciben en prácticamente todas partes, con objetivos particulares de distintos horizontes y prioridades, que alteran constantemente la naturaleza de los precios y las opiniones del resto de los participantes en el mercado, creando un mundo sintético y en algunas ocasiones con valores subjetivos que difieren con el valor objetivo de los negocios que representan.

Por lo general, la actividad de estas instituciones se centrará en participar de las empresas con indicios de ser los mejores prospectos de inversión, y contarán con los recursos humanos y tecnológicos necesarios para anticiparse a los participantes ordinarios, generando sensaciones de escasez. Pero son precisamente su gran tamaño y sus objetivos particulares lo que permite la formación de oportunidades para nosotros, por lo que resulta interesante revisar cuidadosamente el grado de aceptación institucional que tienen nuestros prospectos de inversión.

Como regla general, es mucho más fácil distinguir el valor objetivo de una empresa, si esta es muy buena respecto a las otras, que la probabilidad de saber lo que pasará con su precio. Por tanto, será más inteligente pasar el tiempo considerando la posición competitiva de una empresa y esperar que esta se encuentre en un rango de precios razonables para ser copartícipe del valor que generará en el futuro.

Este principio también sirve para advertir que se requiere esfuerzo, disciplina e inteligencia para lograr el éxito en este campo. Mientras más inteligencia haya en búsqueda de oportunidades, estas serán más raras y escasas, por lo que también hay que advertir que el tiempo y recursos dedicados podrían no tener una recompensa justificable en este escenario. Además, siempre habrá gente que analice mejor las cosas y tenga mayores capacidades de crítica que nosotros.

No debemos descorazonarnos, pues la experiencia se adquiere de la disciplina cotidiana y de aprender de otros. Pero, así como hay árboles muy grandes y frondosos en la selva, tomando una inmensa cantidad de recursos del ambiente, eso no limita la existencia de otros seres alrededor, o como dirían nuestros abuelos, creo firmemente que en este campo: "el sol sale para todos".

3.4 Principio del momento de inversión

El momento más adecuado para la colocación de capital ocurre cuando, a un precio razonable, se tiene certeza de que un algoritmo de negocios escalará su entrega de valor de manera permanente. La situación precisa para retirar el capital ocurre cuando se han perdido las condiciones por las que el algoritmo de negocios entrega valor y comienza a ser sometido a las condiciones de entropía.

Es mucho más sencillo saber qué pasará con el valor subjetivo de un buen prospecto en el largo plazo, que predecir cuándo ocurrirá esto. Esta es la razón principal que guía el esfuerzo de análisis en busca de indicios de mayordomía, creatividad y distribución comentados anteriormente.

Todos los algoritmos de negocios, sin importar su prestigio, qué tan creativos y honestos sean sus directivos, cometerán errores en el desarrollo y ajuste de la ejecución de sus modelos, y en el desarrollo de sus prospectos. Esto puede afectar temporalmente la percepción que se tiene de ellos entre la comunidad financiera.

Al igual que las parvadas o los cardúmenes, muchas veces el dinero inteligente sigue al dinero inteligente, pero no todos llegan al destino al mismo tiempo y con los mismos precios, por lo que habrá variaciones en las distintas posiciones sobre un mismo valor empresarial, donde algunos habrán pagado un precio demasiado bajo y otros uno demasiado elevado.

Cuando los resultados del valor empresarial no son los esperados, muchos de estos capitales tenderán a retirarse a "mejores pastos" formándose oportunidades de compra. Pero conforme pasa el tiempo, y los algoritmos de negocios muestran su realidad fundamental, el prejuicio acerca de las soluciones que generan cambiará, y estas volverán a apreciarse ante los ojos del mercado.

En la decisión personal de cuándo debemos actuar, tanto Charlie Munger como Warren Buffett utilizan la analogía de la estrategia de Ted Williams, una leyenda y superestrella del béisbol, para ilustrar esto mejor:

"Espera a que la pelota llegue a la zona que dominas"

En las inversiones, la paciencia inteligente puede resultar mucho más rentable que la acción imprudente. Para Warren Buffett "el truco está en sentarte y esperar hasta que la bola que te lancen sea la correcta para sacarla del campo, y si la gente te presiona para hacer un *swing*, simplemente la ignoras".

Pero eso sí, como complementa Charlie Munger, cuando llega la oportunidad, se requiere "voluntad para poner todas tus fuerzas cuando las probabilidades son extremadamente favorables, usando los recursos disponibles como resultado de la paciencia y la prudencia del pasado". El deseo verdadero es que cuando encuentres la oportunidad que estabas esperando, estés listo para aprovecharla y "sacar la bola del campo".

El momento de inversión, para Warren Buffett está íntimamente ligado a nuestra propia capacidad, y no tenemos la obligación de ser expertos en todos los dominios industriales, pero sí en conocer los límites de nuestros alcances. Como bien señala Buffett, la diferencia entre un inversor en valores empresariales y un beisbolista, es que no existen los tres *strikes*, y que la penalidad significativa mayor es el error de omisión por dejar pasar una oportunidad inusual.

3.5 Principio del margen de seguridad

Si asumimos con humildad que el futuro es impredecible, que los humanos cometemos errores y que nuestra capacidad para comprender las cosas y actuar es limitada, entonces tomaremos medidas inteligentes y adecuadas para garantizar que nuestras intenciones perduren con el paso del tiempo y de los períodos adversos.

Para Benjamin Graham, el secreto de las inversiones sólidas está en el "margen de seguridad", y sugiere que aunque no existe "algo seguro", es mucho mejor ser cuidadoso y precavido que tratar de ganar todo el dinero del mundo.

El principio del "margen de seguridad" es la protección para absorber fallas en nuestros cálculos. Se busca que la ignorancia, la soberbia, la confianza excesiva y nuestra pobre capacidad para predecir el futuro no nos expongan a perder el capital que colocamos.

Mientras mejor comprendemos lo que hacemos, nos apegamos más a la razón y vivimos lo verdadero, sorteamos situaciones de "calidad pobre" o evitamos pagar demasiado por un valor económico de buena calidad.

Para Charlie Munger, "un negocio maravilloso no justifica un precio infinito", y está relacionado con una situación en la que sin necesidad de optimismo, las probabilidades de éxito estén a tu favor.

El margen de seguridad, para Charlie Munger y Warren Buffett, se parece a lo que se realiza durante el diseño de ingeniería civil: "a un puente que tiene la capacidad de soportar 15 toneladas, solo se le permitirá que transiten camiones con cinco toneladas, y lo mismo ocurre con las decisiones de inversión".

La complejidad del margen de seguridad radica en que se busca posicionarse en situaciones de anomalía donde alguien más está cometiendo un error entre el "valor subjetivo" respecto a *su* "valor objetivo". El tamaño de ese equívoco puede crear un espacio de margen de seguridad, y a su vez dar espacio para soportar los riesgos de cometer errores humanos.

A diferencia de los cálculos de ingeniería, establecer márgenes de seguridad en las inversiones resulta un poco más difícil dadas las complicaciones del cálculo del valor. No basta con un análisis correcto: debe existir la seguridad de que no habrá pérdidas si se toman decisiones equivocadas basadas en los análisis.

Para realizar los análisis de margen de seguridad, nuestra principal herramienta es comprender la fragilidad ante los eventos adversos, y solo adquirir valores que estemos dispuestos a mantener durante períodos de colapso económico, y que demuestren capacidad para atravesar los momentos de crisis y que saldrán mejor fortalecidos de ellos.

En primer lugar, se debe evitar entrar en negocios que no se conocen técnicamente, pues si se participa de negocios de baja calidad durante condiciones favorables, se corre el riesgo de sufrir fuertes pérdidas. La mejor protección contra el riesgo es asegurarnos que los algoritmos están bien diseñados y operados por personas valientes y creativas, que realizarán acciones para alcanzar su potencial de crecimiento, y que hay evidencias convincentes que el valor de lo que se compra es mucho mayor de lo que se paga.

3.6 Principio de la colocación de capital

Para este principio, excluiremos a los inversores que colocan capital en "piloto automático" en fondos de inversión ampliamente diversificados. Para esta estrategia la clave es hacerlo en vehículos con el menor costo anualizado posible, acompañados de una actitud de frialdad para ignorar las presiones de la opinión generalizada durante los vaivenes de los ciclos económicos.

Consideremos, pues, nuevamente la definición de Benjamin Graham en la que una inversión es un acto inteligente de colocación de capital en el cual hay una seguridad relativa de conservar dicho capital, esperando un retorno racional. Esto es un criterio definitivo para actuar acorde con las oportunidades de inversión que logremos identificar.

Nuestro objetivo será crear una estructura de capital que nos permita proteger el valor de nuestra riqueza de la degradación de la entropía y de los riesgos de perderla, actuando con mayordomía, para asegurar el avance de la vida humana en el futuro.

Para lograr esto, preferiremos colocar capital en algoritmos de negocios con capacidad de solucionar problemas, con la mayor eficacia de recursos posible, creciendo de manera sostenida hacia el futuro.

Cada decisión de inversión deberá tomarse con la mayor conciencia e inteligencia posible, conforme a principios y criterios de prudencia, racionalidad y seguridad, en comprensión sólida de los riesgos que representa cada prospecto en particular, sin especular, por la dirección reciente de los mercados o de la macroeconomía.

El proceso de convertir dinero en efectivo en capital ya genera valor intrínseco si esto se realiza de manera inteligente con disciplina y no mediante las adivinanzas.

Hay que evitar compararnos con lo que hagan otras personas o grupos que realicen actividades similares, pues cada portafolio de inversión tendrá una naturaleza distinta, así como todas las personas pensamos y vemos el mundo de forma diferente.

Parafraseando a Graham, si pusiéramos a tres personas con diversas tesis de inversión a escoger las "cinco mejores empresas americanas" para invertir en las 500 empresas de Standard & Poor's, la probabilidad de que obtuviéramos una lista idéntica de cada analista sería prácticamente imposible, ya que la consideración de que un valor "esté caro" o "barato" dependerá en gran medida de lo que cada uno ve del mundo, sus expectativas, sesgos cognitivos y el énfasis de lo que cada quien considera es más importante. Además, si varios analistas coinciden en que un negocio es más valioso, inmediatamente su precio se elevaría hasta acabar con cualquier ventaja u oportunidad de adquirirlo.

Lo que sí es válido es comparar el desempeño propio con el del mercado promedio, para reconocer con humildad la capacidad de cada uno de realizar esta tarea con efectividad, pues somos personas falibles con capacidades limitadas.

En esta disciplina, de acuerdo con Benjamin Graham, a mayor esfuerzo inteligente para comprender lo que se está haciendo, más será la ganancia, pues se encontrarán más oportunidades. A menor esfuerzo y mayor pasividad por tener seguridad y libertad de preocupaciones, menor será el retorno, pues se participará de oportunidades que ya han sido tomadas por otros.

No estamos de acuerdo con la frase de que "a mayor riesgo, mayor ganancia", pues salir a una tienda descalzo y caminando por una avenida no es señal de que el beneficio de llevar a cabo nuestro objetivo será mucho mejor que hacerlo por medios más seguros.

La configuración del portafolio dependerá de los recursos que tengamos disponibles, de los recursos futuros que vendrán para colocar nuevos capitales y de la comprensión de nuestras capacidades de entender lo que estamos haciendo.

Debemos esperar con paciencia encontrar prospectos con los que nos sintamos cómodos, como cuando tomamos tiempo para escoger amistades o relaciones personales de largo plazo, sino apresurarnos a desprendernos del capital enteramente, pues pueden surgir nuevas oportunidades conforme aumenta nuestro conocimiento con aprendizaje y experiencia.

Conforme a la fórmula de interés compuesto, $X_f = X_0 (1 + r)^n$, procuraremos retener la mayor cantidad de capital inicial y la mayor cantidad posible de dividendos recibidos, y asegurar que podamos llevar a cabo todas las iteraciones posibles con los costos más bajos posibles, para que las capitalizaciones sean mayores.

Preferiremos concentración adecuada que diversificación excesiva, o como diría Andrew Carnegie, "pondremos todos los huevos en una canasta y vigilaremos la canasta". Nuestra precaución estará en evitar los prospectos de mala calidad o con negocios que no comprendamos, para evitar la mediocridad, y enfocaremos nuestra atención en conocer supremamente bien a los prospectos que cumplan con nuestras exigencias, pero conscientes de que ninguna inversión es permanente, pues "los árboles no crecen hasta las nubes" de acuerdo con el principio de los rendimientos decrecientes.

Cuando caigamos en cuenta que cometimos un error, será mejor corregirlo de inmediato. Como el ejemplo del inversor de la parábola de la mayordomía, cuando una porción del portafolio se encuentre una situación indeseable, habrá que liberar estos fondos y colocarlos en oportunidades con capacidad de generar ganancias sustanciales.

Los errores no deben pasarse por alto, ni debe haber espacio para la autoindulgencia o para tomarlos a la ligera. Equivocarse no debe causar disgustos severos ni enojos estúpidos, sino que serán documentados cuidadosamente para aprender la lección de los errores de omisión y comisión.

Se debe prestar atención a las temporadas de especulación en el mercado. Es una mala idea retirarse con ganancias pequeñas de buenas inversiones y dejar que las malas inversiones se prolonguen.

De acuerdo con Philip Fisher, nunca venderemos por razones de corto plazo, pues una decisión de inversión es de al menos por un año y deberemos estar preparados a que dure más de cinco años. Se recomienda desinvertir cuando se reconozca que se ha cometido un error y este se vuelve evidente con el paso del tiempo. También se desinvierte si hay cambios fundamentales en la operación del algoritmo de negocios, si el potencial de explotación de la oportunidad está por agotarse, si ya no existen protecciones de la ventaja competitiva del algoritmo, pues este comenzará a degradarse, o si encontramos oportunidades de mucho mayor valor con ritmos de crecimiento considerablemente altos.

4 Apéndice

A continuación, una tabla que presenta los principios expuestos en este trabajo con un breve recordatorio de su significado.

Principios de propósito

Razones y motivos para la colocación de capital

Principio	Breve recordatorio
El valor	Su valor es la conciencia. Aquello con capacidad actual de "lo bueno" para la vida, mejora nuestro presente y nuestro futuro.
El carácter	Nos define. Es lo único que podemos controlar. Evitar las fallas, desarrollar la humildad, la curiosidad y la perseverancia, conducirnos con integridad, ingenio y trabajo duro. Es la base para que nosotros y los demás disfruten de nuestro carácter valiente.
La entropía	El sentido de las cosas en el universo físico es que todo se degrada cada vez más hacia el caos y el desorden. Por eso, "todo por servir se acaba" y "los árboles no crecen hasta las nubes".

Principio	Breve recordatorio
Los problemas	Surgen por el avance de la vida dentro de un mundo sometido a la entropía. Por tanto, cada solución de un problema genera nuevos problemas.
El futuro	Es diferente, es inevitable, es impredecible. Buscaremos posiciones de protección ante los daños y actuar el día de hoy para domesticarlo mañana.
El capital	Es una tecnología desarrollada por el hombre. Es una capacidad para almacenar valor. Es la naturaleza del crecimiento de las cosas. No lo idolatres, ponlo a tu servicio. Úsalo para que el futuro sea mejor.
Los negocios	Son algoritmos con los que nos negamos al ocio para resolver problemas sociales. Si se basan en el capital, su propósito es extenderse y perdurar para resolver cada vez más problemas.

Principios de forma

Para la comprensión de la manera correcta de colocar capital

Principio	Breve recordatorio
El análisis	Sirve para describir y criticar la situación y, en el futuro de un negocio, tomar una decisión comercial. Deberá ser práctico, con profundidad en función de aquello que está en juego. Que sea con cuidado y escepticismo. Atención con las trampas mentales y de nuestros prejuicios.
Lo macroeconómico	Mejor comprender el entorno donde interactúan los negocios que nos interesan, que pretender anticiparlo para tratar de descubrir oportunidades.
Inflación del dinero	Es el aumento del costo de vivir. Es inevitable por la entropía. Su ritmo afecta el sentido de nuestras decisiones cotidianas. El efectivo es más poderoso como capacidad de colocación en oportunidades inteligentes.
Interés crediticio	Es el costo general de prestar dinero a otros e influye en el dinamismo de los negocios y del consumo.

Principio	Breve recordatorio
Impuestos por el interés público	Es necesario colaborar en la instrumentación de un poder político que cubrir las necesidades de la sociedad en donde interactuamos y de la cual obtenemos beneficios económicos.
El sistema financiero	Es la base de la percepción de poder económico y político de una divisa. Sostiene la configuración del financiamiento para la operación de algoritmos de negocios. Es complejo y define el ambiente para el desarrollo económico.
El comercio internacional	Se basa en las diferencias de posición comparativa entre una sociedad y otra. Su configuración basada en posición geográfica, recursos y capacidad tecnológica define la orientación de las cadenas de suministro.
La industria	Se busca comprender la configuración general de la oferta que actualmente resuelve problemas de un tipo. Los mejores modelos son los de los líderes y de quienes crecen por encima del promedio.
La búsqueda de oportunidades	Separación de "lo bueno", lo "mediocre" y lo "malo". Requiere tiempo, dedicación y esfuerzo.

Principio	Breve recordatorio
	Exige un carácter valiente y que haya situaciones propicias para la abundancia de oportunidades.
Los valores empresariales	Buscaremos oportunidades conforme a los tres principios de Charlie Munger: 1. Un gran negocio a un precio justo es superior a un negocio justo a un gran precio. 2. Un gran negocio a un precio justo es superior a un negocio justo a un gran precio. 3. Un gran negocio a un precio justo es superior a un negocio justo a un gran precio.
La mayordomía	Es la responsabilidad de cuidar, nutrir y salvaguardar los valores de otros. Su ausencia en un prospecto descarta cualquier interés de colocación de capital.
La creatividad	Es la esencia para que un algoritmo de negocios se actualice al cambio de las situaciones dada la entropía, y se mantenga resolviendo problemas y generando valores nuevos de manera continua.
La distribución	Muy poco valor se obtiene si se encuentra una solución a un problema, y este se queda guardado.

Principios de acto

Para actuar y no actuar en el proceso de la colocación de capital

Principio	Breve recordatorio
Inversión	De acuerdo con Benjamin Graham, es un acto inteligente de colocación de capital en el que existe seguridad relativa de conservar dicho capital, esperando un retorno racional. Si no existen estas tres condiciones, estaremos hablando de *especulación*.
El enfoque de inversión	Hay dos escuelas y sus variantes. La primera consiste en la protección contra un futuro incierto. Se compra barato y se vende caro. La segunda consiste en asociarte en negocios con un futuro prometedor y un crecimiento agresivo. Ambas pueden crear grandes fortunas gracias a un carácter valiente y si se aplican los principios apropiados.
El mercado	Es extremadamente inteligente, pero no siempre su opinión será racional. Cada vez es más grande y complejo, cuenta con más tecnología y llega a más lugares.

Principio	Breve recordatorio
El momento de inversión	"Espera a que la pelota llegue a la zona que dominas". Siempre es un buen momento para entrar a negocios de calidad con un precio correcto. Nunca es un buen momento para salir de los negocios de calidad.
El margen de seguridad	Protección contra nuestros errores de cálculo. Para Benjamin Graham, "es mucho mejor ser cuidadoso y precavido que tratar de ganar todo el dinero del mundo".
La colocación de capital	Se basa en un carácter valiente. Evitemos las excusas y aprendamos de nuestros errores. Se debe hacer con la mayor conciencia posible. Hay que preferir la honestidad, la creatividad y la capacidad de extenderse como algo mejor hacia el futuro, como cuando establecemos relaciones de amistad a largo plazo.

5 Referencias bibliográficas

1687, Inglaterra. *Principios matemáticos de la filosofía natural*, Isaac Newton.

1776, Escocia. *La riqueza de las naciones*, Adam Smith.

1867, Alemania. *El capital*, Carlos Marx.

1879, Inglaterra. *Teoría física del calor*, Rudolf Clasius.

1916, Alemania. *Teoría general de la relatividad*, Albert Einstein.

1934, Estados Unidos. *Análisis de valores*, Benjamin Graham y David Dodd.

1946, Alemania. *El hombre en busca de sentido*, Viktor E. Frankl.

1949, Estados Unidos. *El inversor inteligente*, Benjamin Graham.

1958, Estados Unidos. *Acciones ordinarias y beneficios extraordinarios y otras notas*, Philip A. Fisher.

1960, Estados Unidos. Caminos hacia la riqueza a través de acciones ordinarias, Philip A. Fisher.

1963, Inglaterra. *Conjeturas y refutaciones*, Karl Popper.

1976, Inglaterra. *Vigilar y castigar. Nacimiento de la prisión*, Michel Foucault.

2005, Estados Unidos. *El almanaque del pobre Carlitos: el ingenio y la sabiduría de Charles T. Munger*, editado por Peter D. Kaufman.

2006, México. *20 tesis de política*, Enrique Dussel.

2008, Estados Unidos. *El triunfo del dinero: cómo las finanzas mueven al mundo*, Niall Ferguson.

2014, Estados Unidos. *Cero a Uno: notas en empresas emergentes o cómo construir el futuro*, Peter Thiel.

1965-2018, Estados Unidos. *Cartas anuales a los accionistas de Berkshire Hathaway*, Warren E. Buffett.

6   Agradecimientos personales

Agradezco todo a יהוה (YHVY, el Indescriptible e Impronunciable).

El año 2019 fue complejo para mí por la gran cantidad de cambios que viví a nivel personal. Viví experiencias muy agradables, mientras algunos sucesos me resultaron extraordinariamente dolorosos. Sinceramente no recuerdo haber vivido un año tan adverso.

En una frase, el Predicador de Eclesiastés dice que: "En el día del bien goza del bien; y en el día de la adversidad considera" y creo que este fue un año de consideración. Este trabajo combina diez años de recopilación y estudio, y tras una reflexión decidí terminarlo a manera de producto para compartirlo.

Durante este tiempo he conversado y convivido con una innumerable cantidad de personas que, a veces sin saberlo, me han aportado puntos de vista que me han servido como punto de partida para reflexionar, por lo que me resulta imposible nombrarlos a todos.

A continuación, mi agradecimiento a unas cuantas personas que han impactado en la manera como el mundo, y que de alguna u otra manera me ayudaron a completar este proceso, sin orden cronológico o frecuencia específica.

A mis padres Guillermo y Selizeth, por enseñarme el valor de la fe en lo Divino y por su amor.

A mis hermanos Karla, David y Daniel Estefani, por enseñarme el valor del apoyo familiar sin condiciones.

A Carolina Vázquez, por haberme enseñado el valor de la confianza.

A César Arias, por enseñarme el valor de la nobleza y la amistad.

A Alejandro Carrillo, por enseñarme el valor de una buena comida.

A Carlos Guzmán y Oscar Suárez, por enseñarme el valor de disfrutar la vida en esta Tierra.

A Jorge Rossano, por enseñarme el valor de comprender la naturaleza del poder.

A Pieter Koopman, por enseñarme el valor del compañerismo y el liderazgo.

A Roxana Zermeño, por su agradable compañía como editora y por sus observaciones para perfeccionar el texto que acabas de leer.

A Hugo Briseño Ramírez, por su magnanimidad y por enseñarme el valor de la pasión por la ciencia. Además, sin su apoyo invaluable como editor, este documento jamás se habría acercado a un grado suficiente para ver la luz.

También considero que hay personas son importantes en el desarrollo de la madurez. Nos enseñan aspectos como la confianza o nos recuerdan nuestros principios. Nos enseñan de nuestros errores, cómo no debemos pensar, conducirnos o tratar a las personas. Dudo que lleguen a conocer este documento, pero con alegría les expreso mi comprensión, empatía y agradecimiento. Ustedes saben quiénes son.

A los autores de las referencias bibliográficas, que en algún momento concluyeron que era mejor enseñarnos algo nuevo y bueno que guardarlo para su beneficio propio, dejándonos sus reflexiones y conocimientos en espera que desconocidos del futuro pudiéramos mejorar nuestra vida.

Guadalajara, Jalisco, febrero de 2020.

7 Acerca del autor

Cursé la carrera en Negocios Internacionales y una Maestría en Finanzas en la Universidad Panamericana en Guadalajara, México.

En mis inicios profesionales participé en la gestión para el desarrollo de proyectos para el aprovechamiento de valores minerales en el noroeste de México. Desde que me enfoqué en el análisis de negocios hace diez años, diseño y construyo portafolios de inversión privados en México siguiendo estos principios.

Actualmente soy Presidente del Consejo y Director General de la empresa Bina Ormasel, S.A.P.I. de C.V.